会社の税金
元国税調査官のウラ技

【増補改訂版】

大村大次郎
Ojiro Omura

技術評論社

●本書に記載されている情報は令和５年１月時点のものです。最新情報は、国税庁ホームページ（https://www.nta.go.jp/）や税務署などの関係機関にてご確認ください。

●本書は情報の提供のみを目的としています。本書の運用はお客様ご自身の責任と判断によって行ってください。本書の運用によっていかなる損害が生じても、技術評論社および著者は一切の責任を負いかねます。

●本書の内容を超えるものや、個別の税務相談、事業コンサルティングに類するご質問にはお答えすることができません。あらかじめご承知おきください。

はじめに

本書を手に取られた方は、何かしら会社の税務に携わっている方でしょう。

会社を経営する方にとって、税務というのは頭の痛い問題です。経営者の中には、税理士に任せっぱなしという方もいるでしょう。逆に、経営者でありながら、自分で法人税の申告書を作っているという猛者もいるかもしれません。

いずれにしろ、税務の専門家でもない限り、会社の税金というのは、非常に難しく、面倒くさいもののはずです。

しかも、人の性として、誰もが税金はなるべく安く済ませたいものです。

特に会社の経営に携わっていれば、できるだけ多くのお金を会社や自分個人に残しておきたいと思われているはずです。事業経営というのは明日をも知れないですし、最後に頼れるのはお金という世界ですからね。

ですが、**税金そのものだけでなく、税金を安くする方法もまた面倒くさいのではないでしょうか？**

そんな、**わかりにくくて面倒くさい会社の税金を解きほぐして、できるだけ簡単に節税する方法をご紹介するというのが、この本の趣旨**です。

会社の経営者や経理担当者はもとより、会社を作ったばかりの方や、これから会社を作ろうと思っている方にとっても有益な情報を載せています。

本書は、初版が平成30年に出版されたものであり、今回はその改訂版です。初版が出てから現在までの間に、会社を取り巻く状況はかなり変わりました。社会の変化や新型コロナの影響などで変更された税制もありますし、令和５年には消費税のインボイス制度が導入されます。それらの税制の変化を反映しながら、**「もっとも実用性の高い情報を選りすぐった実践重視」**のコンセプトはそのままに改訂を行いました

それでは、会社の税金をもっとも手っ取り早く減らせる方法を、ご案内していきましょう。

2023年１月　大村大次郎

Inc

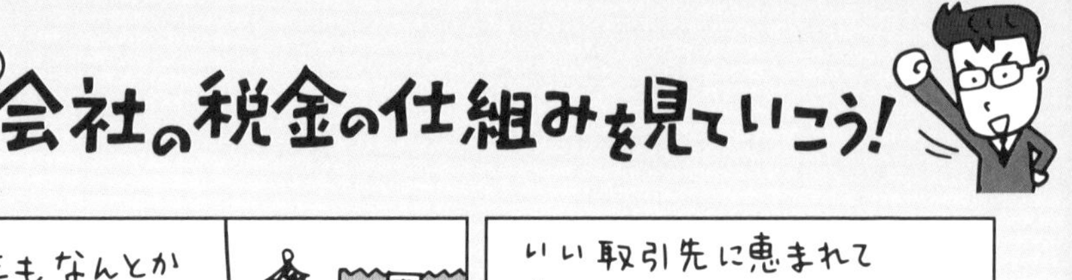
会社の税金の仕組みを見ていこう!

今年もなんとか
確定申告が終わった
お疲れさま
ふぅ〜

いい取引先に恵まれて
売上がだいぶ伸びたけど…
…D
オフィスA
B…会社
G
C
E

その分
税金がキツい!
えーん
Inc

うちも事業を始めて5年。
そろそろ会社にしてみようか。
会社を作れば
税金が安くなるって
いうし
はあ〜〜…
Inc

なんで会社だと
税金が安く
なるの?
そ、そ、そ
それは…

会社って大変なんじゃない?
お金もかかりそうだし
経理とか面倒
そうだし
帳簿

でもさ、会社だと
世間的にも
カッコいい
じゃない
外車→
社長イメージ
カッコいい
だけで会社を作ったら
あとで大変な
ことになるかもよ
ひ〜
ずいっ
会社とか税金の
ことで、ちょっと
お悩みの
ようですね
だれ？
よっこらしょ
会社を作れば
節税策はぐんと
広がります。
うまくやれば
大幅に税金を
安くすることが
できるんです
すわるの？

「うまくやれば」って条件つき？
？

そうです。ただ会社を作っただけで税金が安くなるわけではありません。会社には法人税、法人住民税などがかかりますし、経営者にはそれとは別に所得税、住民税がかかるのでヘタをすれば逆に税金が高くなることもあります
ずしっ
税

逆に高くなることもあるんだって
ほら

でも…でもうまくやれば税金が安くなるんですよね？
ガタッ

そのとおり

たとえば、給料を家族で分散したり、福利厚生費を上手に使えば
無料のように税金が安くなることだってあります
給料
福利厚生
税
＝
安

無料みたいに!
無
無

決して大げさにいっているわけではなく、
経営者で実質年収1,000万円以上
あるのに、サラリーマン
1年生よりも払っている
税金が安い、なんて
方もいますよ
税金
経営者
サラリーマン

会社の税金の仕組みは
知っておいて損はないと
思います
実際に会社を作るか
どうかは別としても、
ね
Inc

どうでしょう?
少しばかり私に
付き合ってみませんか?
うんうん
Inc

「会社の税金」のウォーミングアップ!

「いまは個人事業者として頑張っている」「個人事業者だけど会社のことが気になり始めてきた」「ついこの間、会社を設立したばかり」「すでにオーナー社長として何年もキャリアを積んでいる」「家族で経営している会社の経理をやっている」……本書を手に取ってくださったみなさんは、さまざまなバックグラウンドをお持ちと思います。

ここでは、**「会社」「税金」「国税調査官」という本書のタイトルになっているキーワードについて、基本的なことをQ&A形式で取り上げたい**と思います。詳しいことは本文のほうでじっくり説明していきますので、ウォーミングアップのつもりで気軽に目を通してみてください。

Q1 国税調査官ってどんな仕事をする人ですか?

税金の申告を受けつけて、
それをチェック。
課税額を確定させる仕事をしています

税務署に届けられた申告書類を整理分類、データ入力した上で申告書におかしなところがないかどうか、納税額が適正かどうか、各種の資料と照らし合わせてチェックをします。**必要に応じて事業者のところに出向いて実地の調査を行います。**飲食店など現金商売を営んでいる方には抜き打ちで調査に入ることもあります。いかめしい名前ですが、**「国税調査官」は税務署員の肩書きの1つ**です。

Q2 なぜ元税務署の人が“ウラ技”を書くんですか？

税金は、いわれていることと、
現実に行われていることの間に
ギャップがあります。
表向きの情報だけでは
十分でありません

税金には、**是なのか非なのか、白黒がはっきりつけられないグレーゾーン**がいくつもあります。**当たりさわりなく、通り一遍のことを書くだけでは実用的ではありません**。前職で見聞きしたことを生かして、実践で役に立つ、事業者視点にこだわったことを書いていくのが筆者のライフワークになっています。

Q3 会社と個人事業者はどう違うんですか？

事業をしている人が、法人登記をすると「会社」ということになり、法人登記をせずに事業をしていると「個人事業者」ということになります。事業の規模が大きいと会社、小さいと個人事業というイメージがあるかもしれませんが、それは関係なく、**違いは法人登記をしているかどうか**、ということです。

Q4 事業を始めるなら会社を作ったほうがいいんですか？

会社を作ったほうが世間的な体裁がいいですし、会社のほうがさまざまな節税策を施すこともできます。反面、事務や経理が煩雑になり、会社を維持するだけでも一定の経費がかかります。**このメリットとデメリットを比較して、自分にとってどちらがよいのかを判断する必要があります。**

Q5 会社を作るには事業者自身や事業内容などに条件があるんでしょうか？

会社を作るにあたって、事業者や事業内容、事業規模に条件などはありません。**法人登記さえ行えば、どんな事業者、どんな事業、どんな事業規模でも会社を作ることができます。**もちろん、事業内容が合法であることが前提になります。

Q6 自分１人で事業をやっていても会社を作ることはできますか？

**もちろん、できます。
ひとり社長やフリーランサーで
会社を活用している方は大勢います**

会社を作る際には、従業員の人数は何人でもかまいません。**自分だけで事業をやっていても法人登記さえすれば会社を作ることができます。**フリーのデザイナーやフリーのカメラマン、フリーライターなど、フリーランサーと呼ばれる職業の人たちが会社を作っているケースも多々あります。

Q7 会社を作れば税金が安くなるのですか？

会社は、個人事業者に比べると節税策の幅がぐっと広がるので、うまくやれば税金を安くすることができます。**うまくやるには、最低限の税務の知識などが必要になります。**「知識がない」「節税の努力もしない」では、会社のほうがかえって税金が高くついてしまうケースもあります。

Q8 会社の節税方法ってどんなものがありますか？

会社でできる節税策はいろいろあり、これから本文でじっくり説明していきます。主なものを挙げれば、**社員である家族に給料を分散したり、積極的に福利厚生費を計上するという方法があります。**個人事業者だと家族に給料を払うには制約がありますし、福利厚生費も積極的には使えません。

Q9 「給料の分散」ってたまに聞きますが、具体的にはどういうことですか？

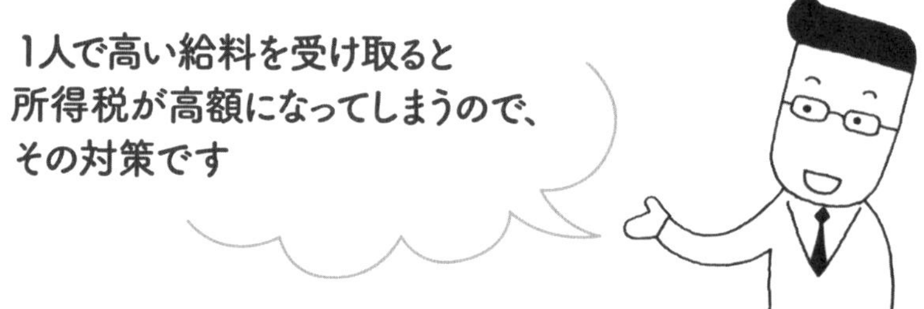

日本の所得税は累進課税といって、収入が多いほど税率が高くなる仕組みになっています。自分１人でたくさん給料を受け取ると所得税率が高率になるので、**給料を配偶者などの家族に分散して税率をなだらかにして、トータルで見たときの税金が安くなるようにします。**

Q10 家族に給料を払ったりして税務署は文句をいわないのですか？

給料を受け取っている家族が会社の業務をしている事実があり、その給料が妥当な額であれば**税務署が文句をいえるものではありません**。妥当かどうかは、同じ仕事を家族以外の人を雇ってしてもらうときに同じくらいの給料になるか、というのが基準になります。

Q11 福利厚生費って何ですか？

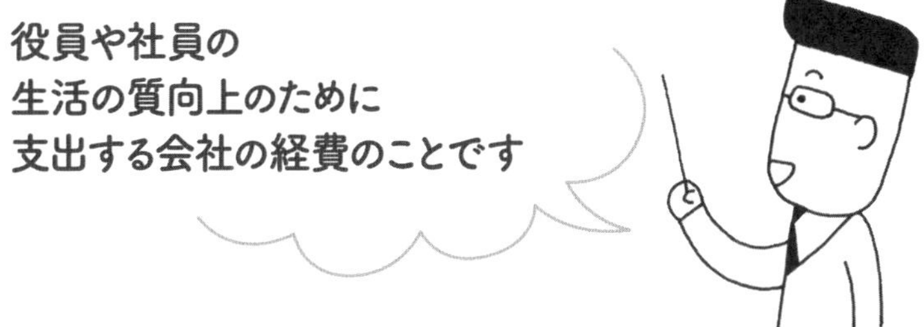

たとえば健康診断にかかる費用や家賃の補助、レジャー費用の補助などを福利厚生費の名目で会社の経費として計上することができます。社長1人でやっている会社や家族でやっている会社は、会社の経費とプライベートでかかったお金の分け方が難しいことがありますが、原則として「**会社の業務に関連するものであればすべて会社の経費**」となります。

CONTENTS

Part1「会社の税金」の心得

税金面で会社のメリットを生かすにはどうすればいい？
個人事業とはどこが違う？　心得から始めよう

会社と個人事業では税金がまったく違ってくる◆経営者といえども会社から雇われている◆会社を作ると逆に税の負担が増えることも◆会社を作って節税するには努力と知識が必要◆経費を積むときに必ず考えてもらいたいこと◆脱税はぜったいに損◆過少申告加算税の軽減措置……etc.

Part2 すぐに手がつけられる「即効の節税策」

今期は好調で利益がしっかり。喜ばしいことだけど、
税金のことが心配。期末が迫っているときに、
いますぐできる節税策は？

Part3 給料、ボーナス、退職金を使いこなそう

会社の法人税、個人の所得税と住民税、
そして社会保険料。
3つのバランスを取って、ばっちりお金を残そう

CONTENTS

同じ1,000万円の所得でも、税金の差は数百万円になる◆税務署はどういう視点でチェックする?◆配偶者が経理をしていたらアウト?◆決算賞与をメインのボーナスにする◆退職金のパワー◆退職金を払ったあとも会社に残る◆非常勤役員確保のススメ◆儲けたお金をどこに出すか?……etc.

Part4 「福利厚生費」は会社の節税の切り札

「福利厚生費」はパワフル。
福利厚生にホンキになると、
会社と個人の税金が大きく変わる!

Part5「含み資産」は会社の守り神

減価償却の基本的な仕組みをおさえれば、会社にとって使い勝手バツグンのアイテムが見えてくる

CONTENTS

Part6 消費税でも積極的にトクをする

消費税は受け身でいると、
節税どころか身銭を切ることにも。
インボイス制度により対応は待ったなしに

巻末付録 税務署と正しく向き合おう

マンガ

Part 1

「会社の税金」の心得

「会社のほうが税金が安くなる」
「儲かってきたら会社にしたほうがいい」
世間でいわれている言葉。
では、税金面で会社のメリットを生かすにはどうすればいい?
そもそも「会社の税金」は「個人事業の税金」とどう違う?
必ず知っておいてもらいたい心得からスタート!

「会社」にする？「個人事業」を選ぶ？

会社と個人事業の違いは、法人登記をしているかどうかだけです。ですが、たったそれだけで税金の内容がまったく変わってくるのです。

そもそも会社を作るってどういうこと？

事業を始めるとき、まず、その事業を**「会社組織」**にするか、**「個人事業」**にするか、という問題があります。

会社組織にするというのは、会社を作るということです。「会社を作る＝起業する」と思っている方もいるようですが、そうではありません。会社を作らなくても、事業を行うことはできます。会社組織にしなければ、それは個人事業ということになります。

自分の事業を始めるんだから、どうせなら会社にしたいと思う方も多いでしょう。会社のほうが世間的な見栄えがいいですし、一般的には会社にしたほうが、税金が安くなるといわれています。また、昨今では非常に安い金額で会社を作ることができます。

では、会社と個人事業の違いは何かわかりますか？

あまり知られていないことなので、まずはこの点から説明したいと思います。

会社と個人事業の違いというのは、法人登記をしているかどうかです。事業をやっている人のうち、法人登記をしている事業者が「会社」ということになります。それ以外は個人事業者になります。

同じような事業を営んでいても、法人登記をしていれば会社、していなければ個人事業となるのです。

一般的なイメージとしては、規模の大きい事業が会社、規模の小さい事業が個人事業という感じになっています。

しかし、**会社であるか個人事業であるかは、事業の規模とはまったく関

係がないのです。

たとえば、従業員が100人以上いる製造工場であっても、法人登記をしていなければ、それは個人事業ということになります。一方で、従業員は1人だけという小さな事業者であっても、法人登記をしていれば、それは会社ということになります。

以前は、法人登記をするためには、最低でも300万円の資本金が求められて（有限会社の場合）、株式会社の場合は1,000万円の資本金が必要でした。ですから、お金のある事業者しか法人登記はできませんでした。しかし、現在は資本金の制約がなくなったので、30万円程度の登記費用さえ支払えば誰でも会社を作れるようになっています。

波線を引いている語は、欄外で補足説明をします

株式会社の場合、登録免許税15万円以上、印紙4万円、公証人手数料5万円、謄本手数料2000円が最低限かかります。これに司法書士など専門家に払う手数料もかかります。

会社と個人事業では税金がまったく違ってくる

このように会社と個人事業者というのは、実態としては登記をしているかしていないかの違いしかないのですが、会社と個人事業者では法律上の取り扱いがまったく違ってきます。

特に**税法上の取り扱いがまるっきり違います**。まったく同じような商形態、まったく同じような規模であっても、です。

会社は、法人税、法人住民税などを払わなくてはなりません。個人事業者は、所得税、住民税などを払わなくてはなりません。法人税と所得税では、税率や計算方法がかなり違います。同じくらいの利益が出ていても、税金の額はまったく違ってきたりするのです。

会社と個人事業、どちらのほうが税金が安いかは、その事業の状況によって変わってきます。何も考えずに起業手続きの一環として法人登記を行う方もいますが、これはオススメできません。個人事業者として事業を行ったほうがトクになることも多々あるからです。

02 会社にかかる税金を見てみよう

会社に直接課せられる税金は、「法人税」「地方法人税」「法人事業税」「特別法人事業税」「法人住民税（都道府県）」「法人住民税（市町村）」の6つです。

会社に直接課せられる税金

会社には、さまざまな税金が課せられます。法人税だけでなく、消費税や源泉徴収税も会社が払わなければなりません。ですが、消費税や源泉徴収税は、会社に間接的に課せられているものであり、建前の上では会社が負担しているわけではありません。直接的に課せられている税金は次の６つです。

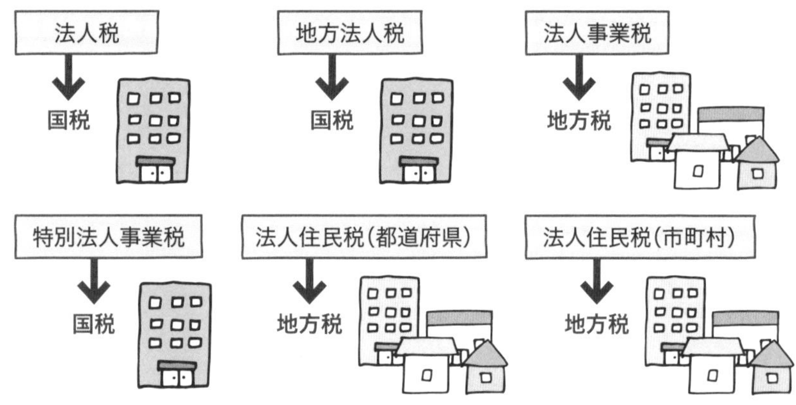

以下では、法人住民税（都道府県）は「法人都道府県民税」、法人住民税（市町村）は「法人市町村民税」と表記することにします。

利益がなくても最低７万円は税金がかかる

23ページの表を見てください。もっとも小さい規模の会社（利益が400万円以下の会社）であっても、「合計」の行を見てもらうと、**利益に対して税金が20%以上かかってくる**ことがわかります。

また、利益が出ていなくても（赤字の場合でも）、法人都道府県民税、法人市町村民税には、均等割という会社の規模に応じて払わなければならない税金があります。**この均等割は、利益が出た出ないにかかわらず、会社が存続している限り必ず払わなければならない税金**です。

均等割は、もっとも小さい規模の会社（資本金が1,000万円以下、従業員が50人以下の会社）であっても、最低７万円は必ず払うことになります。

会社を作る際には、この点も念頭に置いておかなければいけません。個人事業には、均等割にあたる税金はありません。住民税には均等割がありますが、これは事業者に限らず、すべての人が払うものですから、事業に対する税金ではありません。

会社に直接かかる税金

税金の種類	税額
法人税 （資本金１億円以下の会社）	利益800万円以下の部分　**利益×15.0%** **（※19.0%）** 利益800万円超の部分　**利益×23.2%**
法人税 （資本金１億円超の会社）	**利益×23.2%**
地方法人税	**法人税×10.3%**
法人事業税 （資本金１億円以下の会社）	利益400万円以下の部分　**利益×3.5%** 利益400万円超の部分　**利益×5.3%** 利益800万円超の部分　**利益×7.0%**
特別法人事業税	**法人事業税×37%**
法人都道府県民税	**法人税×1.0%+均等割※**
法人市町村民税	**法人税×6.0%+均等割※**
合　計	**利益の約22.4～36.8%** **均等割7～380万円**

※３年以内の平均利益が15億円を超える場合は19.0%になります。
※法人都道府県民税の均等割は従業員、資本金の規模に応じて２～80万円まで。
※法人市町村民税の均等割は従業員、資本金の規模に応じて５～300万円まで。
※資本金が1億円を超える会社は外形標準課税法人となり、法人事業税（事業税・特別法人事業税）の計算が異なりますが、ここでは割愛します。

消費税は消費者（商品やサービスを買ってくれた人）が負担することになっており、源泉徴収税は社員や支払先が負担することになっています。ですが、実際の徴収と納付は会社が行います。

利益1,000万円の中小企業の税金は？

具体的な数字を入れて計算してみましょう。

資本金１億円以下で従業員も50人以下のＡ社という会社があったとします。Ａ社の今年の利益は1,000万円でした。

このＡ社に課せられる税金を計算してみましょう。

法人税

利益800万円以下の部分　800万円×15.0%＝120万円
利益800万円超の部分　200万円×23.2%＝46万4000円

120万円＋46万4000円＝166万4000円

これが法人税額

地方法人税

法人税額 166万4000円×10.3%＝17万1300円（100円未満切り捨て）

これが地方法人税額

法人事業税

利益400万円以下の部分　400万円×3.5%＝14万円
利益400万円超の部分　400万円×5.3%＝21万2000円
利益800万円超の部分　200万円×7.0%＝14万円

14万円＋21万2000円＋14万円＝49万2000円

これが法人事業税額

特別法人事業税

法人事業税額 49万2000円×37%＝18万2000円（100円未満切り捨て）

これが特別法人事業税額

法人都道府県民税

(法人税額の1.0%) 1万6600円＋(均等割) 2万円＝3万6600円
(100円未満切り捨て)

↑ これが法人都道府県民税額

法人市町村民税

(法人税額の6.0%) 9万9800円＋(均等割) 5万円＝14万9800円
(100円未満切り捨て)

↑ これが法人市町村民税額

合　計

法人税	166万4000円
地方法人税	17万1300円
法人事業税	49万2000円
特別法人事業税	18万2000円
法人都道府県民税	3万6600円
法人市町村民税	14万9800円
合　計	269万 5700円

　このように、中小企業Ａ社は、1,000万円の利益に対して269万5700円もの税金を取られるというわけです。

6つの税金のうち、税率は国税である法人税が一番高く、また法人税は儲けから多くを取ることになっています。一方の地方税は、利益からはあまり多くを取りませんが、会社として存続しているだけで課せられる仕組みになっています。

オーナー社長の個人的な税負担はどうなる?

先ほど見た会社の税金に加え、オーナー社長は、さらに個人所得に対して税金がかかってきます。

配当で受け取れば所得税

本書を読んでくださっている経営者の多くは、おそらくオーナー社長でしょう。オーナー社長というのは、会社の株の半分以上を持っている経営者のことです。会社の所有者であり、経営者でもある人です。日本の会社の9割以上は、オーナー社長の会社です。

オーナー社長の場合、節税をしようと思えば、会社の税金だけでなく、自分自身の税金も勘案しなくてはなりません。**会社の税金だけが安くなっても、自分に多額の税金が課せられれば、本当の意味で節税にはなりません**。オーナー社長は、個人の**所得税**もけっこうかかってくるものです。

先ほど、会社の利益に対してどのくらいの税金がかかるかを計算してみました。利益が1,000万円の中小企業は、30%近くが税金として取られてしまいます。では、残りの700万円はすべてオーナー社長のものになるかといえば、そうではありません。この700万円にも税金がかかってきます。

利益の残額は、通常、配当するか、会社に留保することになります。配当した場合、もらった側には所得税が課せられます。原則としては、配当金は、ほかの所得と合計して確定申告することになっています。つまり、**所得税の対象所得に加算される**わけです。

配当金は源泉徴収される

配当金は、源泉徴収されることになっています。源泉徴収される金額は次のとおりです。

❶上場企業の場合　→　配当金額×20.315％
❶上場企業以外の場合　→　配当金額×20.42％

源泉徴収されても、原則としては、ほかの所得と合算して確定申告することになっています。しかし、次のものについては、源泉徴収だけで完結します。

❶上場企業からの配当金
❶上場企業以外の場合、１回の配当金額が次の金額よりも低い場合
　→　［10万円］×［配当計算期間の月数］÷［12］

上場企業以外の［10万円］×［配当計算期間の月数］÷［12］というのは、ざっくりいえば、**年間の配当金が１銘柄で10万円以下であれば申告しないでいい**ということです（必ずしもそのとおりにならない場合もあります）。

まとめると、オーナー社長の税負担は次のようになります。

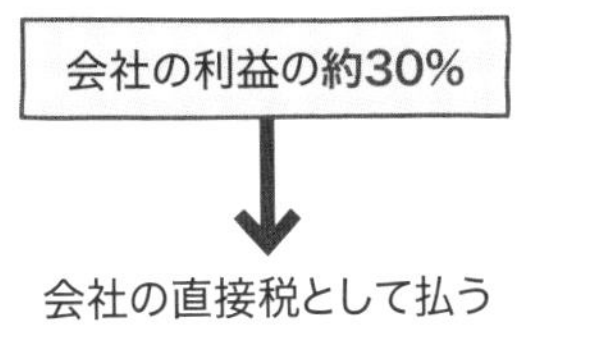

ということは、30％＋14％で、オーナー社長は、会社の利益の約44％を税金で持っていかれるというわけです。

もちろん、会社の利益の残り全部を配当に回すわけではありませんので、利益が出たら即44％が税金で取られるわけではありません。ですが、会社の利益はいつかは配当しなくてはならないので、トータルで見れば、これに近い数値になります。

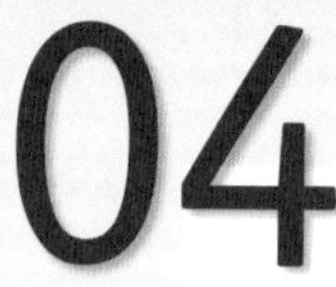

社長の報酬には個人所得税がかかる

配当金には個人の税金がかかりますが、経営者の報酬にも個人の税金がかかります。社長から見れば、会社で税金を払った上、個人でも税金を払う、ということになります。

経営者といえども会社から雇われている

会社の税金で面倒なのは、社長の収入と会社の収入は分けて考えなくてはならない、という点です。税法では、**社長はオーナー社長といえども、会社から報酬をもらう「給与所得者」という建前になります。**

会社は会社としての税金を払った上で、社長の税金は、また別に払わなければなりません。

たとえば、ある社長が会社から報酬を1,000万円もらっているとします。この報酬1,000万円に対しては、個人の所得として普通に所得税、住民税がかかってきます。オーナー社長から見れば、会社で法人税などを払った上で、さらに自分個人でも会社からもらった報酬にかかる税金を払わなくてはならないのです。

社長の報酬に対する税金の計算は、一般の社員の計算と同じです。税法の上では、経営者も社員も同じように「会社から雇われている人」となります。**ヒラ社員も、経営者も、ただのサラリーマン**なのです。

計算は、まず給与所得控除という控除が受けられます。報酬1,000万円であれば、195万円になります。控除は「差し引く」という意味です。報酬1,000万円から195万円を差し引く、つまり給与所得控除によって課税される所得が1,000万円→805万円へと少なくなり、その分、税金も少なくなります。ちなみに、収入から給与所得控除を差し引いた金額を**給与所得**といいます。

そして、残りの805万円から、扶養控除や社会保険料控除などを同じように差し引きます。この社長は、扶養控除が76万円、社会保険料控除が100万円だったとします。すると、所得税額の計算は次のようになります。

報酬1,000万円の社長の所得税の計算

給与所得	805万円
ー扶養控除	76万円
ー社会保険料控除	100万円
ー基礎控除	48万円
課税所得	**581万円**

「控除」は正確には「所得控除」といい、全部で14種類ありますが、ここでは代表的な控除に絞って計算しています

この581万円に所得税率をかけます。

課税所得 581万円 × 税率 20% ー 控除額 42万7500円

＝ 所得税額 73万4500円

給与所得控除

給与等の収入金額	給与所得控除額
1,625,000円まで	550,000円
1,625,001円から　1,800,000円まで	収入金額×40%　－　100,000円
1,800,001円から　3,600,000円まで	収入金額×30%　＋　80,000円
3,600,001円から　6,600,000円まで	収入金額×20%　＋　440,000円
6,600,001円から　8,500,000円まで	収入金額×10%　＋ 1,100,000円
8,500,001円以上	1,950,000円（上限）

つまり、この社長の所得税は73万4500円ということです。

住民税は、だいたい所得税と同じ方法で課税所得を求め、それに10%をかけます（若干、計算式が違います）。

ですから、この社長の場合、住民税は58万円程度であり、所得税、住民税を合わせると、報酬に対する税金は約132万円ということになります。

厳密にいうと、住民税は、所得税に比べて扶養控除や生命保険料控除などの所得控除が若干少なくなっています。つまり、住民税は課税される対象額が所得税よりも少し多くなるということです。

つぶやき

オーナー社長が給与所得控除を受けられるのは、給与所得控除がない自営業者と比べると不公平だという声もあり、高額所得者の給与所得控除は近年引き下げられています。

個人事業者の税金計算の仕方

個人事業者の税金も確認しておきましょう。個人事業者の税金の仕組みは単純です。売上から経費を差し引き、さらに所得控除を差し引いた金額に、税率をかけるだけです。

税金は「利益」に直接課せられる

個人事業者の場合、税金はどういうふうになるのでしょうか？

個人事業者の税金の決められ方は、単純です。

その事業の売上から経費を差し引いて、「利益」を算出します。この利益が、「事業所得」となります。この事業所得は、サラリーマンなどの所得と同じようなものです。事業所得から、扶養控除などの所得控除を差し引いて、**「課税所得」**を算出します。この課税所得に税率をかけたものが、納付すべき所得税ということになります。税率は、課税所得の多寡によって変わってきます。

たとえば、売上2,000万円、経費1,000万円の個人事業者がいたとします。この人の利益は1,000万円で（2,000万円－1,000万円）、事業所得が1,000万円ということになります。この1,000万円の事業所得から、扶養控除などの所得控除を差し引きます。この人は、扶養控除が76万円、社会保険料控除が100万円だったとします。課税所得の算出は次のようになります。

事業所得 1,000万円 － 扶養控除 76万円 － 社会保険料控除 100万円 － 基礎控除 48万円 ＝ 課税所得 776万円

この776万円が、課税所得、つまり税金が課せられる所得ということになります。31ページの表を見てください。課税所得776万円は、「695万円から　899万9000円まで」にあたるので、税率は23％、控除額が63万6000円です。よって、次のような算式になります。

課税所得 776万円 × 税率 23% − 控除額 63万6000円

＝ 所得税額 114万8800円

算出された114万8800円が、所得税ということになります。

そして個人事業者には、さらに住民税と個人事業税がかかってきます。住民税は課税所得に10%をかけたもの、個人事業税はおおむね５%をかけたものです。住民税、個人事業税の計算の仕方は所得税とはちょっとだけ異なりますが、だいたいこのような方法で算出されると考えてもらってOKです。

所得税の速算表

課税される所得金額		税率	控除額
1,000円から	1,949,000円まで	5%	0円
1,950,000円から	3,299,000円まで	10%	97,500円
3,300,000円から	6,949,000円まで	20%	427,500円
6,950,000円から	8,999,000円まで	23%	636,000円
9,000,000円から	17,999,000円まで	33%	1,536,000円
18,000,000円から	39,999,000円まで	40%	2,796,000円
40,000,000円以上		45%	4,796,000円

かつては課税所得が1,800万円を超える人は、税率が一律40%でした。平成27年以降から、1,800万円以上、4,000万円未満の人が40%、4,000万円以上の人は45%と、一部の高額所得者の税率がアップしました。

個人が事業をしている場合に課せられる税金です。年間の所得（売上から経費を差し引いた残額）が、だいたい290万円以上にならないと課せられません。

06 会社の利益はどうやって算出される?

法人税、法人事業税などは、会社の利益に応じてかかってきます。では、会社の利益はどういう方法で算出されるのでしょうか?

会社の場合も売上から経費を引いて求める

会社には法人税、法人事業税、法人住民税などの税金がかかります。そして、それらの税金には、利益に対して税率がかけられるものがあります。**税額は、利益に対して課せられる部分が大半を占めている**ことを先ほど説明しました。

では、この利益とは、どういう方法で算出されるのでしょうか?

簡単にいえば、**売上から経費を差し引いた残額が利益**ということになります。

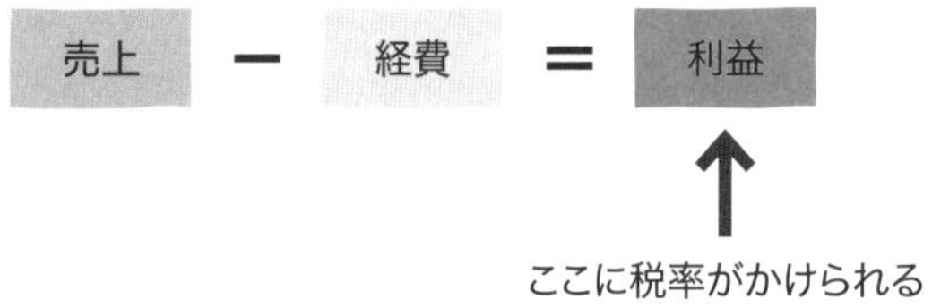

たとえば、売上が3,000万円、経費が2,500万円の会社があったとします。

売上 3,000万円 ー 経費 2,500万円 = 利益 500万円

この利益500万円に対して、法人税や法人事業税などの税率がかけられます。利益500万円に対する税金の計算は、24～25ページで見たように次のようになります。なお、この会社は資本金1億円以下の中小企業とします。

法人税

500万円×15.0％＝75万円

地方法人税

法人税額 75万円×10.3％＝7万7200円（100円未満切り捨て）

法人事業税

利益400万円以下の部分	400万円×3.5％＝14万円
利益400万円超の部分	100万円×5.3％＝ 5万3000円
合　計	19万3000円

特別法人事業税

法人事業税額 19万3000円×37％＝7万1400円（100円未満切り捨て）

法人都道府県民税

（法人税額の1.0％）7,500円＋（均等割）2万円＝2万7500円
（100円未満切り捨て）

法人市町村民税

（法人税額の6.0％）4万5000円＋（均等割）5万円＝9万5000円
（100円未満切り捨て）

合　計

法人税	75万円
地方法人税	7万2000円
法人事業税	19万3000円
特別法人事業税	7万1400円
法人都道府県民税	2万7500円
法人市町村民税	9万5000円
合　計	120万8900円

つぶやき

この会社は、利益500万円に対して約121万円の税金がかかっているので、だいたい25％程度が税金ということになります。法人では少しでも利益が出れば、最低でもこの程度の税金がかかってきます。

法人税務では、だいたい資本金1億円以下が「中小企業」、1億円超が「大企業」という区分を使います。中小企業は、若干税率が低くなるなどの特別措置があります。

会社と個人事業、どっちのほうが税金が安い?

「会社を作れば税金が安くなる」とよくいわれます。しかし、会社を作れば事業者みんなが有利になる、というわけではありません。

会社を作ると逆に税の負担が増えることも

税務のマニュアル本などには、「会社を作れば税金が安くなる」というようなことが書かれています。

なぜ会社を作れば税金が安くなるのかというと、**会社は個人事業よりも多様な経費の計上が認められている**からです。たとえば、**福利厚生費**などをうまく使えば、自分の生活費を会社の経費で落としながら、会社の利益を削減することができます。また個人事業者の場合は、家族を従業員にすると、その家族の分の扶養控除が受けられないなどの制約がありますが、会社の場合はそういう制約がなく、普通に家族を従業員にすることができます。

ですが、会社は、設立し運営するだけでさまざまな経費がかかります。登記費用などもかかりますし、これまで見てきたように、会社には個人事業者よりもたくさんの税目が課せられます。その中には、収益の多寡にかかわらず払わなければならない「均等割」の税金もあります。会社というのは、個人事業よりも「固定費」がかかるのです。

つまり、**会社の場合、うまく節税策を施せば税金を安く抑え込むことができるけれど、うまくいかなければ逆に税負担が増える**ということです。

会社を作って節税するには努力と知識が必要

上手に利益の調整をして、法人税などの会社の税金をゼロに近いところにまで持っていければ、会社を作ることで税金が安くなります。しかし、調整に失敗すれば、会社を作ることによって逆に税金が高くなってしまいます。効果的な節税策を施せなかった場合、固定費がかかる会社のほうが税負担額が大きくなります。

会社というのは、経費を積み上げる策がたくさんあるので、それをうまくやれば、個人事業よりも税金は安くなります。それにはもちろん努力が必要です。**会社にしさえすれば、自動的に税金が安くなるわけではありません**。

会社を作ろうと思っている人は、まず、この点を十分頭に入れておいてください。

会社と個人事業の主なメリット・デメリット

	会社	個人事業
メリット	・節税策が多い ・**福利厚生費が自由に使える** ・**制約なく家族を従業員にできる**	・税目が少ない ・経理処理が簡単 ・基本的な税金は会社と比べると安い
デメリット	・設立時にお金がかかる ・税目が多い ・収益の多寡にかかわらず必ずかかる税金がある ・経理処理が複雑	・節税策が少ない ・**福利厚生費が自分や家族には使いにくい** ・**家族を従業員にすると、その家族の配偶者控除、扶養控除が受けられない**

経理や決算にかかる費用以上のメリットがあるかどうか

会社の帳簿や経理を整備するのは、けっこう大変です。

経理の知識がまったくない人が、いきなり会社の経理をやろうとするのは少し難があります。

もし、経理の経験がまったくない人が会社を作るならば、経理担当者を雇うか税理士に頼まなければ、ちゃんとした決算や帳簿はなかなか作れないでしょう。

もちろん経理担当者を雇ったり、税理士に頼んだりするとお金がかかります。**その費用以上の、節税のメリットがあるかどうか**です。

事業の規模が大きければいいですが、事業規模を自由に決めることはできません。ですから、筆者としては、事業を始めるときにやみくもに会社組織にすることはオススメしません。

経理に関してそれなりの知識や準備ができている人、もしくは資金的な余裕がある人ならば大丈夫ですが、そうではなく、とにかく事業を始めてみたいというような人は、まず個人事業からスタートを切ったほうがいい、と思います。

個人事業の場合は、経理に関しては会社ほど大変ではありません。

小規模事業者（だいたい年収1,000万円以下）の白色申告者ならば、簡単な記帳が認められます。

税務署は、会社なら経理ができて当たり前という感じで接してきますが、個人事業の場合は経理初心者の人もいるという前提で接します。青色申告会など、経理初心者のための指導も行われています。

個人事業から始めて、その事業がある程度軌道にのれば、多様な節税策を求めて会社組織にすればいいのです。

売上1,000万円を目安にする

会社を作って維持するにはお金がかかるので、それだけのお金を払っても足るだけの節税ができるかどうかが、会社を作るかどうかのキモだといえます。それには事業の規模が大きく関係します。

大雑把にいえば、売上が1,000万円を超えるかどうかを目安にするべきでしょう。売上が1,000万円を超えたら会社にすることを検討してみるとよいと思います。

売上が1,000万円を超えれば、個人事業者でもそれなりにきちんと帳簿をつけなくてはなりません。それならば、いっそ会社を作ったほうがいい。そして、**売上が1,000万円を超えないうちは、会社を設立しても節税のメリットはほとんどないともいえます**。

最初の２年間は個人事業者にしたほうが消費税で有利

また、新規事業者は事業開始から２年間は、原則として消費税を払わずに済むという制度があります。**個人事業者だった人が新しく会社を作った場合も、それは新規事業者扱いになるため、まず個人事業者として２年間事業を行い、そのあとに会社を作れば、最長４年間消費税の納付をしなくて済みます。**

ただし、この方法はインボイス制度の適格請求書を発行しなければならない事業者は使えません。使えるのは適格請求書を発行しなくていい事業者だけです（詳しくはPart 6で説明します）。

会社を作るべきかの目安

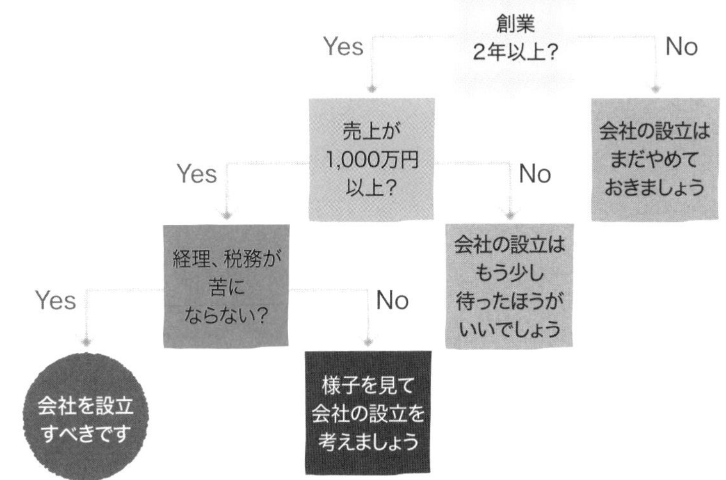

会社と個人事業の大きな違いの1つが、福利厚生費の扱いです。国税庁はいまのところ、個人事業者が自分やその家族の福利厚生費を計上することを認めていません。一方で、会社は福利厚生費の経費計上が広く認められています。

会社を作れば設立費用のほか、維持や経理の費用がかかるので、最低でも売上1000万円を超えるくらいの規模がなければ、固定費を節税分でペイできないのです。

08 経費を積み増すときの2つの条件

節税の方法は、売上を減らすか、経費を増やすかの2つしかありません。売上を減らすことは現実的ではないので、実質的に「節税とは経費を積み増すこと」になります。

利益にかかってくる税金を減らす2つの方法

法人税、法人事業税などの会社の税金は、主に利益にかかってくるものです。ですから、税金を減らそうと思えば、利益を減らすしかありません。

そして利益を減らすには、**売上**を減らすか、**経費**を増やすか、どちらかの選択しかありません。

この2つのうち、売上を減らす方法は、ほぼ使えません。売上は、顧客という相手があってのものなので、恣意的に増減することは難しいものです。売上を増やしたいと思っても、お客さんが買ってくれないことには増やせるものではありませんし、節税のために売上を減らそうなどとすれば、顧客離れを招いて経営の屋台骨が揺らいでしまうでしょう。売上を故意に減らそうなどとするのは非常に危険なことです。節税するには、経費を増やすという方法を取ることが現実的です。

経費というのは、会社の意思によって簡単に増減できます。経費を増やしたところで、顧客が離れる心配はありません。ですから、**恣意的に税金を安くしようとする場合には経費を増やすしかない**、ということになります。経費をいかに上手に増減させるかが、節税の最大のポイントだといえます。

経費を積むときに必ず考えてもらいたいこと

しかし経費も、やみくもに増やしていくだけでは大変なことになってしまいます。無駄な経費をどんどん増やせば、税金は減るけれども、会社の財政状態は大きく悪化していきます。これでは本末転倒です。

節税する上で、効果的な経費というのは次の2つだといえます。

中小企業は、最終的には経営者の資産力が、すなわち会社の信用力になることが多いので、経営者はなるべく多くの資産を蓄積しておかなければならないのです。

❶は、そのままの意味です。会社にとって何か役に立つ支出をすれば、無駄な経費ではなくなります。当たり前といえば当たり前ですが、これがなかなかできないのです。たとえば**接待交際費**にしても、むやみやたらに接待交際するだけでは、ただ単にお金が出ていくだけです。会社にとって効果のある交際費を使うこと、それが節税する場合には求められることで、見極めが必要になる分、難しいのです。

❷は、**「いったんは経費として支出されるけれども、実は会社に蓄積されているもの」**という意味です。たとえば、中古ベンツを買う方法があります。中古ベンツを買えば、会社は大きな経費を計上することができます。そして、ベンツというあまり目減りしない資産を保持することができます。**役員報酬**なども、間接的に「会社に資産が蓄積される支出」だといえます。経営者に多額の役員報酬を払い、経営者がそのお金をためたり、資産を形成したりすれば、いざというときに会社の「隠れ資産」になります。

また、❶と❷のうちでは、**❷のほうが節税策として優れているといえます**。資産として蓄積されるということは、会社、特に中小企業にとっては非常に大事なことです。節税を検討するときは、まずは❷を優先的に考えましょう。

「経費を増やす」ときには、必ずこの2つの条件のことを考えてください。このどちらかにあてはまっているかどうか。あてはまっていなければ、それは無駄な経費ということになります。

もっともシンプルで、もっとも重要な打ち手

年に数回、仮決算を組んでみること。当たり前でありながら、とても重要なことです。自社がどのくらい儲かっているかわかれば、節税策は自然と生まれてきます。

利益が確定してからでは遅すぎる

効果的な節税をするための第一歩は、いま自社がどのくらい儲かっているのかを経営者がきちんと把握しておくことです。

そんなことは当たり前と思うかもしれませんが、経営者が税金の多さにびっくりして期末後に無理な経理処理をしてしまい、それを税務署が課税漏れとして指摘する事例は数えきれないくらいあります。

これはつまり、経営者が「自社にいくら利益が出ているのか」を把握していないから起きることです。いや、経営者というのは、利益が出ているか出ていないかというのは、だいたいわかっているものです。

そして、利益が出ていないときは心配になって明確な数字をつかもうとしますが、利益が出ているときには気が大きくなって大雑把な数字しか頭に入れていないことがあります。

しかし利益が出れば、そこには大きな税金がかかってきます。ですから、

利益が出ているときこそ安心してはいけないのです。

税務署から指摘を受ける経営者のほとんどは、本当は今期は儲かっているということが、うすうすわかっていながら、それをきちんと数値化していなかったのです。数値化していないので、「まだまだ大丈夫」とタカをくくってしまい、いざ期末になって数値を見たときにびっくりしてしまうわけです。

そして、節税策というのは、決算期が来てしまえば打てる手がほとんどなくなってしまいます。そうなってから税金をなんとかしようとすると、無茶な策に手を出さざるを得なくなってしまうのです。

月ごとに仮決算をする巧みな経営者もいる

少なくとも半期に一度は仮の決算を組んで、自社がいまいくらの利益を出しているのかを確認しましょう。節税策にはいろんなやり方があります。会社の利益の多寡によって、施すべき節税策はまったく違ってきます。

本当は、四半期に一度は仮の決算を組んだほうがいいでしょう。筆者が国税調査官時代にお会いした節税の巧みな経営者は、毎月、仮の決算を組んでいました。**月単位で自社の利益の額を把握しており、無駄な利益を出さないようにコントロールが行き届いていました。**

仮決算は、上場企業が発表するような精緻なものでなくてかまいません。だいたいの売上とだいたいの経費がわかるものであれば、それで十分です。その程度のものがあるだけでも、税務戦略は大きく変わってきます。

会社の収支を把握することは、税務戦略の第一歩であり、一番大事なことといってもいいかもしれません。簡単なものでいいので、ぜひ半期に一度は仮決算を組んでください。

仮の決算を組むだけで、実は自然と節税になります。利益が思ったよりも多く出ていれば、「いまのうちに買っておこう」「従業員に還元しよう」「接待交際を増やしてみよう」……。逆に利益が少なければ、自然と経費を引き締めるものです。

決算期が来れば、売上や経費の計上は締められますので、決算期のあとでは、いくら経費を増やそうと思っても、引当金などごく一部の例外を除けば増やせないのです。

10 「節税の延長が脱税」ではありません！

節税と脱税には明確な違いがあります。それは、不正行為を行ったかどうかです。

節税と脱税の違いとは？

世間ではときどき、「節税の延長が脱税」というような言い方をされることがあります。

しかし、元国税調査官の立場からいえば、「節税の延長が脱税」というようなことはぜったいありません。**節税と脱税には明確な違いがあります。**そして、**「節税する人」と「脱税する人」の間にも、明確な違いがある**のです。

節税と脱税の違いというのは、不正行為をしたかどうかです。できるだけ税金を安くしたいのは、大半の人が持つ感情です。しかし、不正行為をするかどうかは人によって違います。

たとえば、お金を儲けたいと思う人は大勢います。でも、犯罪をしてまでお金を儲けたいと思う人は決して多くないはずです。それと同じことです。

では、税法でいう不正とは具体的にどういうものを指すのか、説明しましょう。

税法では、不正というのは、本当は存在するのに存在がないように見せかけたり、逆に本当は存在しないものを存在するようにでっちあげたりして税金を操作することを指します。これを**「仮装隠ぺい」**といいます。

仮装というのは、帳簿や証票類を書き換えたり、偽造したりすることです。隠ぺいは、その名のとおり隠すことです。

仮装には、偽の領収書を作って経費を水増ししたり、本当は雇っていない人を雇っているような細工をして、架空の人件費を計上したりする方法があります。また隠ぺいというのは、売上金をそのまま隠してしまう、というようなことです。売上の一部を帳簿につけずに別保管したり、隠し口座に入金したりしてしまいます。

脱税する人は努力不足？

筆者の経験上、脱税するのは愚かな人が多いものです。

脱税というと、頭のいい人がやるずる賢い犯罪といった印象がありますが、本当はそうではありません。**経理に疎い人が、やむにやまれず手を出してしまった、というものがほとんど**なのです。

本当に賢い人は脱税などしません。あらかじめ節税策を施しているので、決算期になってから慌てたりすることがないのです。

これから本書で紹介していくように、節税策はたくさんあります。これらをうまく施していけば税金で困るようなことはまずないはずです。実際のところ、上手に節税して自分で思ったとおりの「利益」「税額」にしている経営者は大勢います。

にもかかわらず、不正工作をしてしまうのは努力不足だといえます。**節税ができる人というのは、税金に関心を持ち、必要な情報を得る努力をしています**。税金に対して、適切な準備をしているわけです。

とはいえ、多くの時間と労力を費やさないとダメなわけではなく、節税の知識というのは、それほど広範囲にわたるわけではありません。本書をパラパラとめくってもらうだけでも、かなり有効な節税策が見つかるはずです。

税務署から「不正」を認定されると税金は35 ~ 40%アップ

不正行為をして、それが税務署に発見された場合、大きなペナルティが科せられます。税務署が**税務調査**などで指摘する**申告誤りには2種類あります。「不正」**と**「不正でないもの」**です。「不正」は、先ほど述べた仮装隠ぺいなどを行ったものです。「不正でないもの」は、うっかりミスや税法の解釈誤りのためにミスしたものです。

同じ申告誤りでも、「不正」と「不正でないもの」の間には大きな違いがあります。

企業に対して行われる税務調査では、企業の規模などに応じて、国税庁の調査官、全国の各国税局の調査官、税務署の調査官がそれぞれ対応します。

まず、納めなくてはならない**追徴税**の額が違ってきます。「不正でないもの」が発見された場合、新たに納付すべき税金は10%の割り増しになります。これは**過少申告加算税**がかかるからです。

一方、「不正」が発見された場合、新たに納付すべき税金は35%の割り増しになります。「不正」には、過少申告加算税よりも重い**重加算税**が課せられます。

たとえば、申告誤りをしていて100万円の税金を新たに納めなくてはならなくなった場合。「不正でないもの」ならば、過少申告加算税を含めて110万円の追徴税で済みますが、「不正」だったなら、重加算税を含めて135万円の追徴税を払わなくてはなりません。

45ページの表に主な加算税をまとめました。**無申告加算税**というのは、本当は申告しなければいけないのに申告をしていなかった場合に課せられるものです。これは、税金が５%以上の割り増しになります。

脱税はぜったいに損

「不正」を行った人には重加算税が課せられるだけではありません。その金額が多額にのぼった場合、脱税として起訴されます。逃れた税金が、おおむね１億円を超えると起訴されることが多いようです。

つまり、税務申告の不正額が大きいものが脱税という犯罪になるわけですが、昨今では、国の税収不足のためか、それとも見せしめのためなのか、１億円よりもかなり低い額でも起訴されるケースが見られます。

税務申告において、不正（脱税工作）だけはしてはいけません。**社会道義的な面はもとより、リスクが高すぎます。**

一度、不正が発見されれば、多額の追徴税が課せられる上、その後は税務署から重点的にマークされることになります。税務調査の頻度もぐっと増すことになります。

脱税という不正は、割に合わない非常にバカバカしい行為なのです。

主な加算税

税目	内容	税率
無申告加算税 （自主的に申告）	期限内に申告していないが、その後、自主的に申告した場合	納税額の5％
無申告加算税 （税務署から調査の通知があったあとの申告）	無申告で、税務調査の通知があったあとに申告した場合	納税額の10％ （納税額が50万円を超える部分は15％）
無申告加算税 （調査後の申告）	無申告で、税務調査があったあとに申告した場合	納税額の15％ （納税額が50万円を超える部分は20％）
過少申告加算税 （自主的に申告）	期限内に申告を行い、また誤りを自主的に申告した場合	なし
過少申告加算税 （税務署から調査の通知があったあとの申告）	期限内に申告を行い、税務調査の通知があったあとに誤りを申告した場合	納税額の5％ （新規納税額50万円以上か、当初納税額を超える部分は10％）
過少申告加算税 （調査後の申告）	期限内に申告を行い、税務調査があったあとに誤りを申告した場合	納税額の10％ （新規納税額50万円以上か、当初納税額を超える部分は15％）
重加算税 （期限内申告者）	期限内に申告を行ったが、仮装隠ぺいがあった場合	納税額の35％
重加算税 （無申告者）	期限内に申告がなく、仮装隠ぺいがあった場合	納税額の40％

※無申告加算税と重加算税は、過去５年以内に同様の不正を行った場合、さらに10％割り増しとなります。

つぶやき

脱税で失うのはお金だけではありません。売れっ子だった芸能人が、脱税疑惑や課税漏れが発覚したことで、たちまちテレビから干されてしまった……。一気に社会的な信用を失った人たちの姿を記憶している方も多いはずです。

税務署は会社にきびしい?

いままで 個人事業を
やってきて 一度も調査
なんて受けた
こと ないのに
会社にしたら
それで
税務調査が
来るなんて
…

売上規模が大きくなかったからかもしれませんし、たまたま調査官の手が足りなかったからかもしれません
なんでだろ？
？
？

じゃあ、うちはだいじょうぶかな
ほっ
ニャ

売上規模にはっきりした基準はなくて、税務署によって管轄する事業者の数も違いますから、個人も会社も数が多い都会は一定以上の売上がないと調査されにくいんです

お気をつけて
でも「不正をしている」みたいな情報があれば売上や地域に関係なく税務署は必ず来ますよ
も〜〜っ
キラリ
イジワル!!
（ニャ〜〜!!）

電子帳簿保存が やりやすくなった

電子帳簿保存法が改正され、令和５年から税務署に届出をしなくても電子帳簿保存ができるようになりました。ただし、過少申告加算税の軽減を受けるには届出が必要です。

帳簿をパソコンで作成してパソコンに保存できる

会社は税務申告をする際、仕訳帳、総勘定元帳、現金出納帳、固定資産台帳、売掛帳などの取引についての帳簿の作成や取引記録の保存が義務づけられています。税法では７年程度、会社法では10年間、保存しておかなくてはなりません。また、青色申告をする際には、貸借対照表、損益計算書の作成が必須となっています。会社の税務申告では青色申告が基本なので、ほとんどの会社は貸借対照表、損益計算書の作成が必要です。

帳簿作成や帳票保存において、パソコンなどのデジタルの使用が昨今認められるようになりました。デジタルで作成するだけでなく、帳簿や取引記録を電子保存することもできるのです。

ただし、帳簿を電子保存するには、会計ソフトのシステム関係書類が整備されていること、保存した帳簿がパソコン画面や書類ですぐに表示できること、などの条件を満たさなければなりません。

過少申告加算税の軽減措置

税務調査などで過少申告が発覚した場合、通常は新たに納付する税金にプラスして10%の過少申告加算税が課せられます。過少申告は、うっかりミスなどで所得を少なく申告してしまうことです。

国税庁が認める方法で電子帳簿を作成・保存し、税務署にその届出を提出していれば、過少申告加算税が５%になります（ただし、仮装隠ぺいなどの不正があった場合には過少申告加算税の軽減は受けられません）。

過少申告加算税の軽減を受けるためには、国税庁が認める機能がついた会計ソフトを使用する必要があります。市販の会計ソフトで国税庁の定めた基準を満たしているものには、日本文書情報マネジメント協会（JIIMA）の認証マークがついています。また、会社が独自に開発したソフトなら、税務署に申請することで基準を満たしていることの認定を受けられます。

法律改正によって、電子帳簿保存をするのに税務署への届出などは必要なくなりました。ただし、**過少申告加算税の軽減措置を受ける場合には税務署への届出が必要となります**。

電子帳簿保存をするための条件

- 会計ソフトのシステム関係書類がそろっていること
- 帳簿類をパソコン画面や書類ですぐに表示できるようになっていること

過少申告加算税の軽減を受ける条件

電子帳簿保存をするための条件にプラスして次の条件を満たしていること

- 国税庁の定めた基準を満たす会計ソフトを使用していること
- 申告期限までに税務署に届出を提出していること

また、会社は取引先から受け取った請求書、領収書、見積書などの証票類も保存する義務があります。**これらの証票類もスキャナでスキャンして電子保存することが認められます**。スキャナ保存をする際にも特別な手続きは必要ありません。

個人事業者だと、電子帳簿保存することにより青色申告特別控除の額が増えるなどの特典がありますが、会社の場合は過少申告加算税の軽減だけです。会社なら特典を用意しなくても業務合理化のために電子帳簿保存をするようになるだろうと国税庁は踏んでいるようです。

青色申告をするには、事業年度が始まる前（開業時は開業から3カ月以内）までに税務署に申請します。

複式簿記などの記帳義務を果たすことを条件に赤字の繰り越しなど税務上の恩恵を受けられる制度のことです。

Part1のフリカエリ

会社と個人事業の違いは登記をしているかどうかに過ぎないが、税法上の取り扱いは、会社と個人事業ではまったく違ってくる。

会社に直接的に課せられる税金は、「法人税」「地方法人税」「法人事業税」「特別法人事業税」「法人住民税（都道府県）」「法人住民税（市町村）」の6つ。

6つの税金の中で税率が高いのは法人税。法人税は会社の利益に対して課税される。均等割という会社が存続しているだけで課せられる税金もある。

会社は個人事業よりも本格的な節税を行いやすいが、ある程度の知識が必要なため、会社にすれば自動的に税金が安くなるわけではない。

会社の利益にかかる税金を減らすには、経費を積み増すしかない。「会社にとって役に立つ」「会社に資産が蓄積される」のがよい経費。

「節税の延長が脱税」は完全な誤り。税金のことを少しでも知れば、脱税は怠惰な人がやってしまうバカバカしい行為ということがわかる。

会社が電子帳簿保存することの税務上の特典は過少申告加算税の軽減のみだが、法律改正によって使い勝手はよくなっている。

Part 2

すぐに手がつけられる「即効の節税策」

今期は思いのほか利益が多く出て
税金の負担が増えそう。
でも決算期が間近。もう時間がない……。
こんなときでも慌てず騒がず対応するために
「即効の節税策」を知っておきましょう。

01 期末になって慌ててやるから脱税になる

脱税のほとんどは、期末や決算期が過ぎてから慌てて何らかの工作をしたものです。脱税などせずとも、期末ギリギリでもできる節税策があります。

もっとも多い脱税のパターン

税務署が税務調査で指摘する**課税漏れや脱税でもっとも多いパターンは、「期末に慌てて何か工作したもの」**です。

期末の売上をわざと翌期に繰り延べしたり、在庫を多く見せかけたりするのです。しかし、これは故意にやっていることが判明したら、「不正」とみなされ、35％上乗せの重加算税が課せられます。追徴税の額が大きければ、脱税で告発される可能性だってあります。

会社で使える節税策というのは多々あります。日ごろからきちんと対策していれば、中小企業クラスの経営規模であれば、税金がそれほど高くなることはありません。しかし、中小企業の経営者は本業に忙殺されているのが普通ですから、税金のことなど考えている暇がありません。

この章では、期末ギリギリになってもできる節税策を整理して紹介したいと思います。

節税策には「緊急避難型」と「恒久型」がある

節税策には、**「緊急避難型」**と**「恒久型」**の２種類があります。

「緊急避難型」というのは、今期の利益を翌期以降の利益に振り替えるなどして、とりあえず当座の税金を少なくするものです。

たとえば、これから紹介する経営セーフティ共済などがこれにあたります。経営セーフティ共済に加入すれば、最大240万円の利益を一挙に削ることができますが、この経営セーフティ共済にかけた掛金は、そのうち自社に返金されます。いずれは240万円の利益が加算されて、そこに課税されるということです。

つまり、**緊急避難型の節税というのは、一時的に税金を減らすことはできるけれど、あとでその分の負担を背負うことになる**、というものです。本質的な節税策ではなく、今期の会社の利益を先送りしただけ、となります。

一方、「恒久型」の節税策というのは、本質的な節税です。

たとえば、家族従業員への給料の分散などがこれにあたります。家族従業員に給料を払い、会社の利益を分散すれば、会社や経営者の税金は非常に安くなります。また、給料を分割して、大勢の家族に支給すれば、一族全体の税金も安く抑えることができます。

これは、**システム的に各年で完結した節税策であり、一時的な節税策ではありません**。経営セーフティ共済のように、数年後、解約返戻金を受け取ったときに会社の利益が膨れるようなことはありません。

節税策として優れているのは、もちろん「恒久型」のほうです。経営者は、日ごろから「恒久型」の節税を心がけるのが正解といえます。

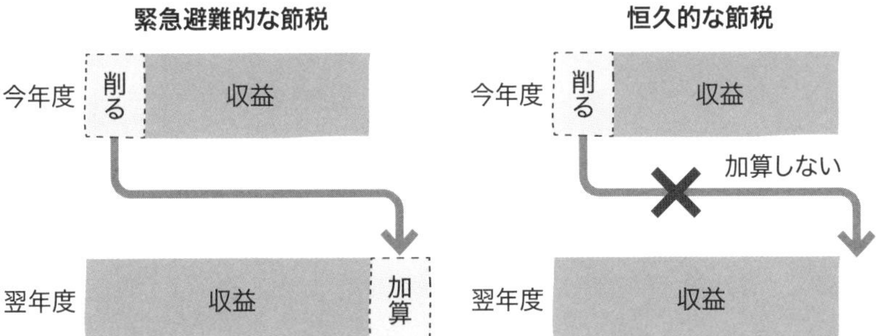

とはいえ、緊急避難型の節税も使い勝手はあります。恒久型の節税策を施す余裕がない場合に、とりあえず緊急避難型の節税をしておいて、翌期以降に恒久型の節税をすればいいからです。

在庫の数量を大きく書き換えたりすれば、一時的に税金を安く見せることができます。詳しくは74ページで説明します。

「倒産防止保険つきの預金」は最強の節税アイテム

儲かりすぎた年に緊急で打てる策として「経営セーフティ共済」があります。これは、わずかな時間で大きな節税ができる、頼れる節税アイテムです。

経費を増やしながら、資産を減らさない

筆者は、中小企業にとってもっとも簡単で、節税効果が高い方法は**「経営セーフティ共済」**だと考えます。

経営セーフティ共済というのは、取引先に不測の事態が起きたときに資金手当てをしてくれる共済です。

毎月いくらかのお金を積み立てておいて、もし取引先が倒産や不渡りを出すなどして自社が被害を受けた場合に、積み立てたお金の10倍まで無利子で貸してくれます。

このセーフティ共済のどこが節税になるかというと、掛金の全額が損金に計上できるのです。経営セーフティ共済の掛金の最高額は年240万円です。**掛金を損金にできるということは、年間240万円まで利益を一気に減らすことができる**ということです。

そして、この240万円というのは、掛け捨てではありません。

積み立てたお金は、不測の事態が起こらなかった場合は、40カ月以上加入していれば全額解約金として返してもらうことができます（40カ月未満の加入の場合は、若干返還率が悪くなります）。

ただし、経営セーフティ共済は、満期になったり、解約したりしてお金を返還してもらうときには、そのお金を会社の特別利益に計上しなくてはなりません。払うときに損金（経費）として計上しているので、それは当然といえば当然です。

もっともいい節税策というのは、**「経費をたくさん計上できて、しかもそれを資産として蓄積できる」**ことです。経費を増やせば利益が減ります

から、税金が減るのは当たり前です。でも経費を増やせても、税金以上に会社の資産が減ってしまっては意味がありません。

「経費を増やすことができて、しかも資産を減らさない」というものを見つけることができれば、それがもっともいい節税策となります。経営セーフティ共済は、その条件にジャストミートするわけです。

忙しい経営者の方、日ごろ節税策をあまり講じてこなかった会社などには最適だといえます。

事業年度の末に加入しても税金を減らせる

経営セーフティ共済が、節税アイテムとして優れているのはそれだけではありません。

優れているもう１つの点は、**期末ギリギリになっても加入できる**ことです。しかも、**１年分の前払いができ、その前払い分も、払った事業年度に損金（経費）として計上できます。**

たとえば、３月末決算の会社が、３月31日までにこの経営セーフティ共済に月額20万円の掛金で加入し、１年分の240万円をその日のうちに前払いしたとします。すると、240万円全額が、その事業年度の損金（経費）になるのです。

期末近くになって、考えていたよりも利益が出ていることがわかって、税金の多さに慌ててしまった、といったときにはぴったりのアイテムだといえます。

共済は、法律に基づいて企業、組合などによって作られる相互扶助事業です。国や自治体の補助を受けているものも多々あります。

脱税でもっとも多いのは、「期末に思ったよりも利益が出ていたことがわかり、慌ててヘンな工作をする」パターンだと述べました。税金のことなどにかまけていられない多忙な社長にとって、時間をかけて節税策を施すことは、やはり簡単ではありません。税金のことは後回しになり、だから期末になって大慌てしてしまうのです。

そういう社長さんたちにとって、この経営セーフティ共済は打ってつけだといえます。期末ギリギリになって、240万円もの経費（損金）を一気に積み増すことができるのです。しかも、それはいったん預けただけで、あとから戻ってくるお金なのです。

ほかにこんな節税方法はありません。

「今期は例年よりも利益が多めに出そうだ。いまから税金がこわい」という経営者、経理担当者の方は、**まず、この経営セーフティ共済の導入を考えてみてください**。必ずや、あなたの会社に大きなメリットをもたらすはずです。

800万円まで会社の利益をプールできる

経営セーフティ共済は、節税面以外でもメリットがいろいろとあります。

たとえば、積立金の95％までは、取引先に不測の事態が起こらなくても借り入れることができます。この場合は利子がつきますが、それでも0.9％という低率です。運転資金が足りなくなってしまったときに、この積立金を利用することができます。

経営セーフティ共済は、別名「中小企業倒産防止共済制度」といいます。まさに、**倒産防止保険がついた預金のようなもの**です。金融商品として見ても、非常に有利といえます。儲かったときに経営セーフティ共済にお金をプールしておけば税金を取られないですし、会社の資金繰りにも役に立ちます。

経営セーフティ共済は、**掛金の額を5,000円から20万円まで設定できます**。最高額の掛金にすれば、削減できる利益は、20万円×12カ月で240万円となります。そして、掛金の総額が800万円に達するまでかけ続けることができます。つまり、**会社の利益を、毎年240万円まで、総額800万円**

までプールしておくことができるということです。また、掛金は途中で増額・減額することもできます。

経営セーフティ共済

掛金
☑ 毎月の掛金は、5,000円から20万円までの範囲内で自由に選択できる(5,000円単位)

☑ 加入後、増・減額ができる(減額する場合は一定の要件が必要)

☑ 掛金は、総額が800万円になるまで積み立てることができる

☑ 掛金は、税法上、損金に算入できる

貸付となる条件
☑ 加入後6カ月以上経過して、取引先事業者が倒産し、売掛金債権等について回収が困難となった場合

貸付金額
☑ 掛金総額の10倍に相当する額か、回収が困難となった売掛金債権等の額のいずれか少ない額

貸付期間
☑ 5,000万円未満 → 5年
5,000万円以上 6,500万円未満 → 6年
6,500万円以上 8,000万円以下 → 7年
いずれも、6カ月の据置期間を含む毎月均等償却

はじめは、節税のために掛金を最高額の月20万円にしておいて、業績にかげりが見え始めたら掛金を減額する、という手も使えます。若干の手続きが必要になりますが、掛金の減額は可能です。

03 保険料などを1年分前払いして税金を軽くする

期末ギリギリの節税策として、もっとも手っ取り早いのは家賃や保険料などを1年分前払いすることです。

1年分を前払いして、全額今期の経費に計上

会社の営業費のうちいくつかの勘定科目では、経費を1年分前払いした場合、それが全額、今期の損金（経費）に計上できるというものがあります。**この1年分の前払いが、期末にできるもっとも手っ取り早い節税策**といえます。どういう勘定科目が該当するかというと、継続的に、定額で支払わなければならないサービスなどであり、具体的には、**家賃、火災保険料、信用保証料など**です。これらの経費を1年分前払いすれば、払った日付で全額を損金（経費）に計上できます。

たとえば、家賃20万円の事務所を借りている3月決算の会社があったとします。この会社が3月31日に、翌年の2月分までの家賃1年分を前払いしたとします。すると、この前払い家賃240万円が、その期の経費に計上できるのです。

家賃、火災保険料、信用保証料などは、多くの会社が日常的に払っているものですし、その金額は年額にするとけっこう大きくなります。これらの費用は、いずれ必ず払わなくてはならないものですから、前払いをしても損はありません。期末ギリギリになって税金を減らしたいときには、もっともスピーディで、手間のかからない節税策といえるでしょう。

前払費用を損金にできる条件は？

この前払費用を全額損金（経費）に計上するには、いくつか要件があります。まずは、年払いの契約になっていることです。本来は月払いの契約になっていて、期末だけ特例的に年払いにするのはダメです。ただし、期

末までに年払いの契約に変更すれば大丈夫です。

また、**1年以上の前払いは経費として認められません**。もし1年以上の前払いをしていれば、単に1カ月分のみの経費としかできないので要注意です。たとえば14カ月分の前払いをした場合は、12カ月分だけ損金として計上できるのではなく、前払いした分、全部が損金計上不可になります（期末当月分の1カ月分の家賃のみ損金計上できます）。

また、決算期後に年払いへの操作をしても、前払いとは認められないので、くれぐれも決算期前までに行ってください。支払いも決算期前までに終えていなければいけません。

そして、一度この会計処理をすれば、原則として毎年同じ会計処理を行わなくてはなりません。つまり、家賃を1年分、期末に前払いすれば、翌事業年度も期末に1年分前払いしなければならないのです。「資金繰りが苦しくなって、1年分払うことができなくなった」などのまっとうな理由がない限りは、儲かった年だけ前払いし、儲からなかった年は前払いしない、月払いに変更するということは認められません。

前払費用を損金にする条件

- ☑ 年払いの契約になっていること
- ☑ 必ず決算期内に支払いを終えていること
- ☑ 12カ月以内の前払いであること
- ☑ 毎年、その契約を続けていること

家賃

保険料

信用保証料

など

この節税策は、翌年になれば節税でもなんでもなく、単に1年分の家賃や保険料が経費に計上されるだけとなります。期末の緊急避難型節税として使えるのは、はじめの一度きりです。

「損金」というのは、税務上、売上から差し引ける経費のことです。「経費」とほぼ同じ意味ですが、経費の中には、税務上では売上から差し引くことが認められないもの（利益に加算しなければならないもの）もあります。

04 10万円未満の固定資産を買いまくれ!

期末に10万円未満の固定資産を買い込めば、利益を減らすことができます。必要なものは期末にまとめて買っておきましょう。

期末に3割引きで必要なモノを買う

10万円未満の固定資産をたくさん買うことも、手っ取り早くできる決算期ギリギリの節税策です。これはいろんな本にも載っていますから、ご存じの方も多いでしょう。

普通、**固定資産**（1年以上にわたって使用できるもの）は、購入したときに全部経費にできるわけではなく、耐用年数に応じて減価償却をしなければいけません（減価償却についてはPart 5で詳しく説明します）。しかし、10万円未満のものであれば、買ったその年の経費にできます。

この節税策は、ただ「モノを買うだけ」なので、すぐにできます。

とはいえ、節税になるからといって、無駄なものまで買ってしまえば、「節税できる額よりも大きな出費」になってしまいます。

10万円未満の固定資産を買い込むときのポイントは以下のとおりです。

これらのものであれば、購入しても損はありません。余計な税金を払う

くらいなら、これらのものを買っておいたほうがいいわけです。あらかじめリストアップしておいて、期末にまとめて買うといいでしょう。

たとえば、会社の車にまだカーナビがなかったら、カーナビをつけるのもいいでしょう。カーナビに限らず、会社の車を点検して、不備な部分を直してしまうのもいいでしょう。事務所に家具がなかったり、冷蔵庫がなかったりすれば、この際買っておくのも手です。トイレが昔ながらのままなら、ウォシュレットにするのもいいでしょう。

モノを買わないまま会社に利益を残せば、その分の約30%の税金が取られます。ですから、**期末にモノを買うことは、30%オフでモノを買うのと同じこと**なのです。**「3割引きで買えるならば買っておいたほうがいい」と思えるものを買えばいい**のです。

厳しい税制もあって、企業はなかなかお金を使わない

いまの日本の税制は、法人税の税率は世界的に見て高くはないけれど、設備投資に関する規制は非常に厳しいものとなっています。

たとえば、12万円のパソコンを買ったとします。パソコンの耐用年数は、4年と決められています。この4年間で減価償却、つまり原則として4年に分割して経費化していくことになります。

減価償却には定額法と定率法という方法がありますが、定額法では毎年3万円ずつしか経費にできません。定率法を使えば、初年度の経費は若干大きくなりますが、それでも大した額ではありません。たかだか12万円のパソコンでも、それを買った年に一括で経費に計上できないわけです。これでは、企業はなかなかモノを買いません。

日本の企業は、業績がよくても設備投資に注ぎ込むお金を増やさず、内部留保金を激増させてきました。お金をなかなか使わずに、社内にため込んでいるわけです。投資が盛りあがらず、いまだ日本がデフレから脱却できない要因の1つになっています。

固定資産は、会社が事業のために購入したもの（商品、材料は除く）のうち、一定期間（1年以上）使用できて、10万円を超えるもののことです。10万円未満のものは消耗品費や備品費用とされます。

05 中小企業には特例が用意されている

一定の条件を満たす中小企業は、30万円未満までの固定資産は一括でその年の経費にできます。対象の会社はぜひ活用しましょう。

中小企業なら30万円まで幅が広がる

先ほど、10万円未満の固定資産を買い込めば節税になると紹介しましたが、一定の要件を満たす中小企業は、10万円ではなく、30万円未満まで、買ったその年の経費にすることが可能です。

これは、「中小企業者等の少額減価償却資産の取得価額の損金算入の特例」と呼ばれるもので、中小企業が設備投資をしやすくするために作られた制度です。

日本の税制の固定資産に関する規制は、非常に厳しいものがあります。10万円以上のモノを買えば一括で経費にできず、減価償却資産に計上しなくてはならないのですから。

10万円では、買えるものがどうしても限られてしまいます。家電製品にしても、ちょっといいものを買おうと思えば超えてしまいますし、パソコンなども少しハイスペックなものを望めば10万円では足りません。

しかし**30万円となるとけっこうなものが買えるはずですから、それだけ節税の選択肢が広がります。**

パソコンなら30万円も出せば相当いいものが買えますし、ソファセットなどもけっこう高級なものが買えます。家電関係は、だいたいなんでも買うことができるでしょう。

業種によっては社有のバイクなどを買ってもいいでしょう。バイクといわず、中古の軽自動車くらいなら30万円あれば買えるのではないでしょうか。

使えるかどうかの条件は厳しくない

この特例の対象となる中小企業には次のような要件があります。

少額減価償却資産の特例が使える会社の条件と、対象となる資産の条件

- 資本金の額、または出資金の額が１億円以下の会社（ただし大企業の子会社は不可）
- 資本または出資を有しない会社の場合は、常時使用する従業員の数が500人以下の会社
- 青色申告をしていること
- 貸付用の資産は除外

会社なら、ほとんどが青色申告をしているでしょうし、**この要件であれば普通の中小企業は問題なく該当する**はずです。

ただし、この特例の適用となる固定資産の合計額が300万円を超えたときは、**300万円に達するまでの資産が対象となります**。しかし、中小企業が300万円も経費化して利益を削減できれば相当なものでしょう。この特例を利用して、もし300万円満額の固定資産を購入したとなれば、だいたい100万円程度の節税になります。

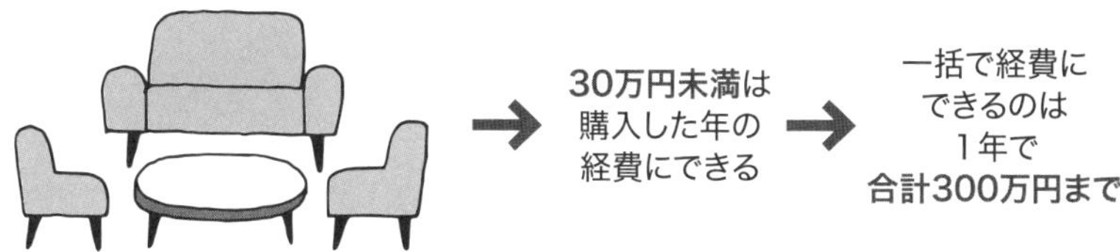

この特例は時限的なもので、使えるのは、いまのところ令和６年３月31日までとなっています。これまで何度か延長されているので、今後も延長されるかもしれませんが、令和６年で廃止されてしまう可能性もなくはありません。

少額減価償却資産の特例は長く条件が変わりませんでしたが、令和４年の税制改正で「貸付用の資産」が除外されて対象外となりました。レンタル事業を営んでいる会社などは注意してください。

06 消耗品、備品を先回りしてストックしておく手も

儲かった年には消耗品や備品をたくさん買うという手もあります。ただし消耗品の場合、条件がつきますので注意が必要です。

買っただけで、その年の経費にできる消耗品がある

10万円未満の固定資産を買い込むことに似た方法で、消耗品や備品をたくさん購入するという方法もあります。

消耗品は原則としてその年に使ったものだけが損金（経費）となりますが、**「事務用消耗品」「作業用消耗品」「包装材料」「広告宣伝用印刷物」などは、購入した事業年度に損金にできることになっています。**

ただし、消耗品を購入した事業年度に損金にするには次の要件を満たさなければいけません。

消耗品を購入年度で損金にする条件

❶ 毎月おおむね一定数を購入するものであること

❷ 毎年経常的に購入するものであること

❸ 処理方法を継続して適用していること

例年と比べて、期末にあまりにもたくさんの消耗品を購入すれば、不自然な利益調整を図っているとして、税務署からとがめられることもあります。しかし通常より少し多い程度ならば問題にならないでしょう。

購入した消耗品が多すぎるか否か、明確な基準はありません。よほどの異常値でない限りは、税務署が「消耗品が多すぎる」として否認することはできないのです。

また、消耗品は棚卸数量の把握が義務づけられているわけではありませ

ん。消耗品を中小企業が棚卸として計上しているようなケースは、筆者の知る限りほとんどありませんでした。

消耗品というのは、年間で見ればけっこう使っているものです。

たとえばパソコン関係のサプライをちょっと充実させれば、すぐに数万円、数十万円になるでしょう。ほかにも事務関係やキッチン・給湯関係などを見回せば消耗品はすぐに見つかります。それらをうまく補充すれば、それなりに大きな額になるものです。

備品なら条件なしで購入できる

消耗品ではなく、備品を買いまくるという手もあります。

備品の場合、消耗品と違って、「毎月おおむね一定数を購入するものであること」などの条件はありません。期末に爆買いしてもいいわけです。

消耗品と備品について、税法では明確な区分けはありません。辞書的な意味では、消耗品は使っているうちに消耗していくものです。だいたいの基準として、**「1年以内に使用ができなくなるもの」もしくは「減っていくもの」を消耗品**と考えておけばいいでしょう。逆にいえば、**備品というのは、「1年以上使えて、減っていかないもの」**ということになります。

たとえば飲食業では、食器、調理器具などが備品にあたります。自動車修理工場であれば修理器具などがそうです。食器や調理器具、修理器具などは、通常1年以上使えますし、減っていくものでもありません。ただし、10万円以上（少額減価償却資産の特例を受ける会社は30万円以上）するものは、買った年の経費にすることができず、固定資産として減価償却していくことになります。この点は忘れないようにしてください。

「いずれ必ず使うもので、ストックしていても劣化しないモノ」を、業績がいい年にまとめ買いしてしておく。消耗品、備品を使った節税のキモです。

消耗品などについては、使用数量や在庫数量の記録などが義務づけられていません。ですから、消耗品は購入したあとは原則として自由に使用することができます。

貸倒引当金を使えば帳簿上だけで税金が安くなる

中小企業は貸倒引当金を設定できます。貸倒引当金を設定すれば、帳簿上の処理だけで経費を増やすことができます。

決算期後でも使える貸倒引当金

税法では、資本金１億円以下の中小企業や銀行、保険会社、リース債権のある会社には**「貸倒引当金」**という経理処理が認められています。

貸倒引当金というのは、取引先などの貸倒に備えて、ある程度のお金を費用としてあらかじめ計上しておくものです。貸倒があった場合は、その貸倒引当金から補填し、貸倒がなかった場合は、翌期の利益として加算することになります。

貸倒引当金は、期末に残っている債権などに法定繰入率をかけて算出する方法と、債権の危険度を個別に評価して算出する方法があります。

債権の危険度を個別に評価して算出する方法は、複雑な計算を要し、中小企業が導入するのは現実的ではありませんから、ここでは省きます。貸倒傾向が非常に強い事業を営んでいて、債権の危険度を個別に評価する必要がある方は、税理士や税務署に相談してみてください。

ここでは、法定繰入率を使った簡易な貸倒引当金の設定法を紹介します。

現在の法定繰入率は67ページのようになっています。

これは、たとえば卸売業や小売業の場合なら、債権の「1,000分の10」、つまり１％を引当金に充当できるということです。もっとわかりやすくいえば、債権の１％を損金（経費）に計上できるということです。

貸倒引当金の業種別法定繰入率

卸売業および小売業 $\frac{10}{1000}$

製造業 $\frac{8}{1000}$

金融業および保険業 $\frac{3}{1000}$

割賦販売小売業および割賦購入あっせん業 $\frac{7}{1000}$

その他 $\frac{6}{1000}$

引当金は、その期に損金とした分を、翌期には利益として益金に加算しなければいけません。ですから、長い目で見ると、会社にとっての損益はそれほど変わりません。

しかし、これまで貸倒引当金を使っていなかった会社が、はじめて貸倒引当金を使ったときには、貸倒引当金をまるまる経費に上乗せできることになります。

いままで貸倒引当金を使っていなかった会社は、ぜひ検討してみることをオススメします。**机上の処理だけで、かなり大きな金額を経費として計上できる上に、実際にはお金が動かない（会社からお金が出ていかない）魔法のような節税策**です。

先ほど、「決算期が来てしまえば打てる手はほとんどない」と述べましたが、**この貸倒引当金は、決算が終わったあとでも設定することができます**。ほとんど唯一の「決算期後でもできる節税策」といっていいでしょう。決算が終わったあと、今期は予想以上に税金の負担が重いと気づいたような場合に、有効に使いたいものです。

貸倒引当金の使い方

貸倒引当金は、現在残っている一定の債権に対して業種別の繰入率をかけて算出します。

貸倒引当金の対象となる債権は次のとおりです。

益金は、税務上の収益のことです。会社にとっては収益であっても、税務上は収益（益金）にならないような場合もあります。たとえば、外国子会社の受取配当金などがそうです。

貸倒引当金の対象となる債権

●売掛金、貸付金
●未収の譲渡代金、未収加工料、未収請負金、未収手数料、未収保管料、未収地代家賃等または未収利子で益金の額に算入されたもの
●立替金
●未収の損害賠償金で益金の額に算入されたもの
●保証債務を履行した場合の求償権
●売掛金、貸付金などについて取得した受取手形
●売掛金、貸付金などについて取得した先日付小切手
●延払基準を適用している場合の割賦未収金等

何やら難しそうな言葉が並んでいますが、簡単にいえば、ほとんどすべての債権が対象になるといっていいでしょう。そして、これらの総額に、先ほど説明した法定繰入率をかけたものが貸倒引当金になります。

たとえば、期末に債権が2,000万円ある小売業の会社では次のような計算式になります。

債権 2,000万円 × 法定繰入率（小売業 $\frac{10}{1000}$） ＝ 20万円

貸倒引当金は20万円になります。この20万円を事業の経費（損金）として算入できるのです。実際にはお金はまったく出ていないのに、20万円分の利益を減らすことができます。

この20万円は、翌年に貸倒があれば、その補填にあてられることになります。貸倒が生じた場合は、まず引当金があてられ、引当金だけでは充当できなかったものが貸倒損失として、特別損失（経費）に計上されることになります。

たとえば、この小売業の会社は翌年100万円の貸倒があったとします。その場合の経理処理は次のようになります。

貸倒 100万円 － 貸倒引当金 20万円 ＝ 貸倒特別損失 80万円

この場合は貸倒引当金を使ってしまっているので、その年度末にはさらに貸倒引当金を設定することができます。そして、貸倒がなければ、翌年の利益に加算され、翌年の債権残高に応じてあらためて貸倒引当金が設定されます。次のような経理処理になります。

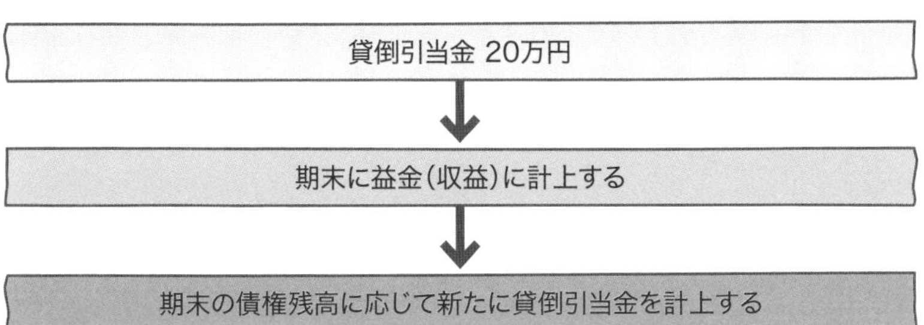

貸倒引当金というと、会計用語っぽくて敬遠してしまうかもしれません。ですが、**貸倒引当金は債権の残額にパーセンテージをかけるだけなので使い方はいたって簡単**です。なんといっても、**帳簿の上だけでできて、お金がまったく出ていかないのですから、ぜひとも使いこなしたい**ものです。

貸倒引当金は、資本金１億円超の大企業では段階的に廃止されており、現在は、銀行や保険、リース事業を行う会社以外で、資本金１億円超の会社の貸倒引当金は廃止されています。つまり、**貸倒引当金は中小企業の特権でもある**のです。

大企業の貸倒引当金の損金経理（経費計上）の廃止は、筆者は日本経済にとっていいこととは思えません。良好な業績だった企業が急に破綻することも珍しくなくなった以上、貸倒引当金の廃止は時代の流れに逆行しているように思えます。

08 1年以上返済のない売掛金を整理する

事実上、もう回収不可能になってしまっている売掛金や貸金などを思いきって整理するという節税方法もあります。

会社のお荷物を節税に使う

事業を続けていると、売掛金や貸金の中に、事実上、回収不能になっているものが生じることがあります。いわゆる「不良債権」です。

この不良債権を処理するという節税方法もあります。

儲かっているとき、税金が多くかかりそうな年に不良債権を処理します。具体的には、売掛金や貸付金の中で、もうほとんど回収の見込みがないものがあれば、それを貸倒処理して、特別損失を計上するのです。

経営者としては、売掛金や貸付金を貸倒として処理するのは忍びなくて、簡単にはできないかもしれません。しかし、もう回収の見込みがないのであれば、それを処分してしまって、節税策に使ったほうが有益な場合もあります。

これは先ほど紹介した「貸倒引当金」とよく似たものですが、ちょっと違います。混同しやすいので、その違いを整理しておきましょう。

貸倒引当金というのは、将来、貸倒が起きたときのために、あらかじめ損失を計上しておくものです。そして、**貸倒損失というのは、すでに貸倒になったもの（「事実上の貸倒」を含みます）を損失として計上するもの**です。

貸倒損失は債権放棄とは違う

回収の見込みがない債権を貸倒計上するには、債務者が債務超過に陥っている、会社更生法の適用を受けている、などの要件が必要です。

しかし、中小企業は、債務超過かどうかを確認しようと相手方の決算書を取り寄せるのは難しいですし、会社更生法の適用などを受ける会社も少ないものです。そこで、法人税法の基本通達では、一定の要件を満たす、事実上回収不能となった債権については貸倒損失が計上できることになっています。

一定の要件というのは、「売掛金などの返済が滞って取引を停止した相手が、1年以上弁済をしていない場合」です（ただし担保がある場合は除きます）。この場合、備忘価額を計上し、その残額（債権額－備忘価額）を貸倒処理することになります。備忘価額というのは、債権を持っていることを忘れないために帳簿に記しておく金額で、これは1円でいいことになっています。

貸倒損失を計上するための主な条件

❶ 売掛金などの返済が滞って取引を停止している者への債権であること

❷ その相手が1年以上弁済していないこと

❸ 貸倒損失を計上した場合、備忘価額として1円で帳簿に残しておくこと

貸倒損失として処理しようとすると、それは債権放棄になってしまうのではないかと心配な方もいると思います。しかし、これは債権放棄ではありません。

貸倒損失を計上したからといって、債権を回収する権利がなくなるわけではないのです。もし相手方の経済事情が好転した場合や、居所不明になっていた相手の居所が判明したような場合は、再び債権を回収することができます。

不良債権を処理して身ぎれいにすることは会社の健全化にもなります。業績が好調なときには検討してみるといいでしょう。

会社の経営が思わしくなく、取引企業などに影響が及ぶ危険がある際に、外部から管財人などを指定することで会社を更正させる法律のことです。

合法的に売上を先延ばしにする

一定の条件をクリアしていれば、売上の一部を翌期に繰り延べることもできます。期末の経理処理で活用できる場面があるかもしれません。

基準によって売上計上のタイミングが変わる

52ページで、税務調査で指摘される課税漏れの原因として、期末の売上繰り延べは非常に多いと書きました。

本当は今期の売上に計上しなければならないのに、翌期の売上に計上してしまった、というものです。これは経営者としては、当然の心理ともいえます。「たくさん儲かっても税金でがっぽり取られてしまうから、儲かった年の利益は翌年に繰り越したい」ということです。

もちろん、正規の経理手続きに沿わないで売上の繰り越しをすれば税務署から否認されますし、ヘタをすれば不正扱いとされて、重加算税が課せられる場合もあります。

しかし、**合法的に売上を繰り延べる方法もある**のです。その方法を紹介しましょう。

実は売上の計上時期は、グレーゾーンなところがあります。売上計上は何を基準にするかで、変わってくるものだからです。

73ページに示すように、売上を計上する基準には、「出荷基準」「引き渡し基準」「検収基準」などがあります。**この3つの基準は、売上計上時期が微妙に違います。つまり、採用する売上基準によって売上計上時期が変わってくる**のです。

検収基準を採用すると節税になる

そして、**これらの売上計上の基準の中では、「相手が検収したときを基準とする方法」(検収基準) がもっとも遅くなります。**

出荷基準であれば、出荷したときに売上に計上しなければなりませんが、検収基準であれば、相手方に商品が届き、相手方が商品を確認したときに売上となります。

売上計上の基準というのは、その会社の意思に任されています。

ということは、出荷基準から検収基準に変えれば、売上計上の時期が少し延びます。つまり、合法的に期末の売上の一部を翌期にずらすことができるわけです。

主な売上計上の基準

	出荷基準	引き渡し基準	検収基準
計上方法	相手方に商品(サービス)を出荷したとき計上する	相手方に商品(サービス)を引き渡したときに計上する	**相手方が商品(サービス)の検収を行ったときに計上する**
計上時期	一番早い	普通	**一番遅い**

ただし、気をつけなくてはいけないのが、**売上計上の基準を変えるには合理的な理由が必要になる**、ということ。原則として、売上計上の基準は変えてはならないことになっています。

売上計上の基準がいつでも変更できるようになっていれば、会社は業績によって売上基準を変えて、恣意的に利益操作することが可能になってしまいます。そのため、売上基準を頻繁に変更するようなことをしていると税務署からとがめられるおそれもあります。

原則として会計には「一貫性」が求められますが、状況に合わせて変更できることにもなっています。変更するためには、合理的な理由が必須です。

税務の世界では、企業経理のすべてに白黒がはっきり決められているわけではなく、玉虫色のゾーンがかなりあります。特に新しく出てきた保険商品などは、税務処理の方法があとから決められることもよくあります。

10 在庫ってなんだ?

企業会計では、在庫(棚卸資産)という項目があります。この在庫(棚卸資産)の金額は、その年の収益や税金に大きく影響してきます。

在庫をどう計算するかで税金が変わる

在庫というのは、会社の税金を決定する大きな要因となります。法人税は、会社の利益にかかってくるものですが、その利益は次のような式で算出されます。

売上 − 経費(仕入れなど) ＋ 在庫(仕掛品など) ＝ 利益

この式をよく見てください。売上から経費を引くのは問題ないと思いますが、わかりにくいのが、在庫を足すということです。

なぜ在庫を足すのかというと、その年の利益というのは、その年の売上からその年の経費を引いたものになります。**在庫というのは、その年は売れ残ったものであり、翌年以降の売上に反映するものなので、その年の経費から除外しなければならない**のです。つまり、在庫というのは、その年の経費ではなく、翌年以降（販売したか処分された年）の経費に計上すべきということです。

ただ、この在庫の計算がなかなか難しいのです。

在庫というのは、どの会社でも、いろんな商品がごちゃまぜになっています。製造業は最たるもので、ひと口に在庫といっても、「部品、材料」「仕掛品（製造途中のもの)」「完成品」などがあります。それを1つひとつ計算し、金額をはじき出さなくてはいけないわけです。

しかも**在庫の価値というのは、計算方法によって変わってきます**。在庫は、仕入れたときよりも価値が下がることがあります（まれに上がることもあります）。在庫の価額は、仕入時で換算するのか、決算期の時価とするのかでも大きく変わってきます。つまり、在庫というのは、計算の仕方によってその価額が大きく変わってくるのです。

在庫額を少なくすれば税金が安くなる

会社の利益は、**売上** − **経費（仕入れなど）** ＋ **在庫（仕掛品など）** で算出されますから、在庫を少なく計上すれば利益は小さくなるわけです。

つまり、在庫を減らせば税金は安くなるのです。

売上	−	経費	＋	在庫	＝	利益
1,000		500		300		800
1,000		500		100		600

もちろん、在庫の計算方法は、商法や税法によって定められています。ですが、計算方法はいくつかの中から会社が選択することが認められており、その選択した方法によって在庫の価額が変わります。となると、**自社に有利な在庫の計算方法を選択することが節税になる**わけです。

ただし、在庫の価額を少なく計上した場合、今期の税金は減りますが、翌期にはその分が加算されることになり、長い目で見れば節税にはなりません。しかし、当座の税金を少なくすることも会社にとっては意味のあることですので、知っておいて損はありません。

在庫の額が少なくなれば税金が少なくなるため、在庫の額を除外する脱税はよく行われています。在庫の数を書き換えればいいだけなので、安易に手を出してしまう経営者が多いのですが、この手口は在庫の額を丹念に調べれば必ず発覚します。

在庫を少なく計上しても実際には在庫が残っており、その在庫が売れたときには新たな仕入経費は発生しません。売上だけが計上され仕入れが計上されないので、その分の利益が上乗せされます。

11 在庫の計算方法は「低価法」が有利

在庫（棚卸資産）の計算にはたくさんの方法がありますが、もっとも節税に有利なのは低価法です。

時価と原価を比べて低いほうを取る

では、具体的に在庫の計算方法（評価方法）について説明しましょう。

在庫の評価方法には、**「原価法」**と**「低価法」**があります。

在庫を購入した際の価格をそのまま用いるのが「原価法」、現在の時価と原価を比較して、低いほうを取るのが「低価法」です。

どちらの方法が評価額が低くなるかといえば、低価法です。**低価法は、時価と原価とを比べて低いほうを選択するので、時価と原価のどちらかが高くても有利**なのです。

税金面からいえば、在庫の評価法は低価法を採用するのがベストです。

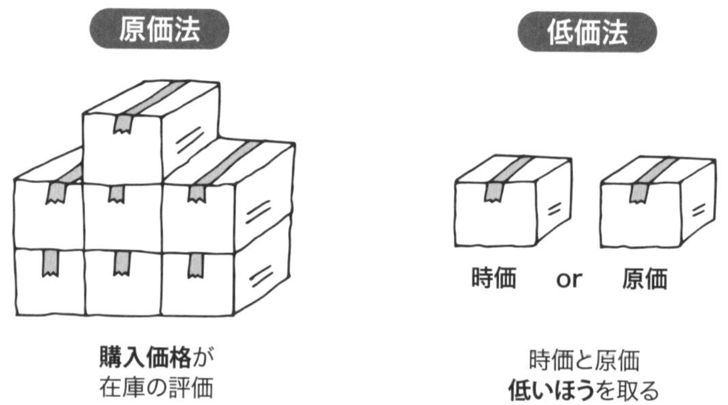

低価法のやり方は、まず原価法により原価での在庫額を算出します。次に、時価での在庫額を算出します。そして、その2つを比較して、低いほうを在庫の額として計上します。

低価法の手順

原価法で在庫額を算出する

↓

時価法で在庫額を算出する

原価法と時価法を比べて低いほうを決める

時価法での在庫額は、仕入先などが販売している現在の価額を基準にすれば、すぐに出すことができます。

一方、原価を算出する方法は次の８つがあります。

原価の算出方法

❶個別法　❷先入先出法　❸後入先出法
❹総平均法　❺移動平均　❻単純平均法
❼最終仕入原価法　❽売価還元法

事業者は、この８種類の中で自社にもっとも有利な方法を選択することができます。低価法では、その上で時価と比較して、低いほうの額を取ることができます。

低価法を選択するには、事業年度が始まるまでに管轄の税務署長に届出を出す必要があります。最終仕入原価法での一般的な原価法よりも、低価法を選択したほうが有利なので、ぜひ届出を出しておきたいものです。

つぶやき

評価方法を税務署長に届け出ていない場合は、最終仕入原価法での原価法で在庫の評価をすることになっています。最終仕入原価法は、その事業年度の最後に仕入れた価額をもとに在庫の評価を行う方法です。

「棚卸資産の評価方法の届出書」という書類を提出します。税務署に用紙が用意されているほか、国税庁のサイトでもPDFファイルをプリントアウトすることができます。

自分で判断して在庫の評価損を計上!

在庫の市場価値が著しく下がっているような場合は、評価損を計上することで在庫額を少なくすることができます。

評価損の計上でも在庫額を圧縮できる

在庫額を少なく計上するには、適切な在庫の評価方法を選択することのほかに、評価損を計上するという方法もあります。

在庫の評価損は、在庫商品や在庫原料などの現実の価値が、帳簿上の価値よりも明らかに下落している場合に、その差額を「損」として計上するものです。

評価損計上の主な要件は次のとおりです。

在庫の評価損が計上できる主な要件

❶ 季節商品が売れ残ったもので、これまでの値段では販売できないことが実績などから明らかなもの

❷ 新しい商品が販売されたために、型落ち、流行遅れとなって、これまでの販売ができなくなったもの

❸ 型崩れ、たなざらし、破損などで商品価値が劣化したもの

とはいうものの、**これらの条件には、実はいずれも明確な基準がありません。**

国税庁の通達では、「単なる過剰生産、建値の変更だけでは評価損は計上できない」とされていますが、ではどの程度なら、「単なる過剰生産、建値の変更」を超えるのか、線引きについては明示されていません。

こういう場合の経理処理は、**まず納税者である会社側が判断します**。そして、**その判断が明確に間違っている場合のみ、税務署側が指導修正する**ことになります。

ですので、納税者である会社側が最初から遠慮する必要はないのです。

過去の実績から見て、季節はずれの商品となってしまい、明らかにいままでの値段では販売できないような場合は、ためらわずに在庫の評価損を試みるべきだと筆者は思います。税務署側がこれを修正するのは、よほど明確な証拠がなければできません。条件に合致しているかどうか自ら判断して、「可」となれば、積極的にこの方法を使ってみることをオススメします。

型落ちや流行遅れの商品をため込んでいる場合、節税効果を求めて、いっそ廃棄や下取りに出すという手もあります。誰しも、自社商品を廃棄するのは忍びないものですが、売れる見込みがゼロのものをため込んでも仕方がないのです。

読み方は「たてね」。建値というのは、簡単にいえば販売側が決めた売り値のことです。つまり、売り値が下がったからといって、それで評価損が出せるわけではないということです。

13 60万円未満の修繕を見つけて経費を積む

利益が多く出た年には、建物や備品などを修繕・補修する節税法もあります。期末に行ったとしても、かなり大きな金額を経費にできます。

修繕費？　資本的支出？

儲かった年には、建物や機械、備品などで、破損したものや老朽化したものを修繕したり補修したりするのもいい方法です。**修繕や補修はいずれはやらなくてはいけないことで、かつ、けっこう大きなお金が必要ですので、儲かった年に節税を兼ねて行うのは一石二鳥**でしょう。

ただし、建物や機械、備品などを修繕する場合、(価額10万円以上の)固定資産に該当するものは注意が必要です。この固定資産を修繕したり補修したりする場合、**「修繕費」**か**「資本的支出」**かで、税務当局と見解の相違が起こることがたびたびあります。資本的支出というのは、費用を支払った時点で一括で経費に計上するのではなく、固定資産の耐用年数に応じて減価償却する必要がある支出のことです。

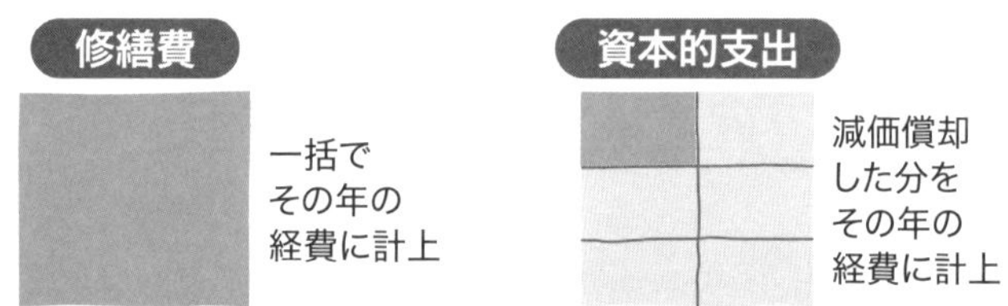

難しいのは、建物などを修繕した場合、その資産の価値を高めてしまうケースが多いことです。たとえば、壁の修繕をするときに、壁を張り替えたりすれば、損傷部分を回復するだけでなく建物自体の価値も高まってしまいます。こうなると税務署側は、かかったお金の全額を修繕費として一括計上させるわけにはいかない、となります。

修繕することで、原状回復以上にその資産の価値を高めることが資本的支出です。何やら難しい感じがしますが、要は、「修繕などのときに、修繕する以上にモノの価値を高めたときの費用」ということです。

修繕費なら、全額を支出した年の経費にすることができますが、資本的支出は、減価償却期間の中で減価償却していかなければいけません。

修繕費と資本的支出の線引きは次のように定められています。

修繕費と資本的支出の区別

- 1回の支出が20万円未満のもの
  - → 修繕費か資本的支出かにかかわらず、すべて修繕費
- 3年以内の周期で行われるもの
  - → 修繕費か資本的支出かにかかわらず、すべて修繕費
- 修繕費か資本的支出か明確でないもの
  - → 60万円未満の支出ならすべて修繕費
  - → 前期末の取得価額の10%以下の支出ならすべて修繕費

つまり、傷みのある固定資産などを修繕した場合、60万円未満までなら、修繕費としてすべてその年の経費にできます。**期末に60万円未満の支出で固定資産の修理を行えば節税になる**というわけです。60万円というとバカになりません。このクラスの修繕をいくつか行えば、簡単に100～200万円くらいの経費を積み上げることができます。

また、**60万円を超える支出であっても、「原状回復」のみを行ったということが証明できれば、全額がその年の修繕費となります**。証明するには、「原状がどうだったのか」「修理をどのように行ったか」などの記録を残しておく必要があります。

原状回復については、そこまで難しく考える必要はありません。壊れたもの、破損したものを修繕する場合は原状回復と考えていいでしょう。

破損具合がわかり、この修繕は原状を回復させただけのものということが明確にわかるような記録を残します。具体的には、修繕の前とあとの写真を撮っておくといいでしょう。

14 いらない資産を処分して節税！

もう使っていない資産を処分することは節税になります。使う見込みのない資産であれば、会社が儲かっているタイミングで処分するといいでしょう。

残っている価値の分が経費になる

会社が保有している固定資産の中には、もうほとんど使っていないものも多いはずです。これを思いきって捨てたり、買い換えれば節税になります。

固定資産は、購入代金を一括で経費にできず、耐用年数に応じて減価償却していきます。まだ減価償却が終わっていない固定資産、つまり「残存価額がある固定資産」を処分すれば、残存価額は一括で損金（経費）として計上できます。たとえば、100万円の残存価額がある製造機械を処分したとすれば、その年に100万円の**「固定資産除却損」**を計上することができます。

購入価格
250万円

減価償却した分
150万円

残存価額
250万円－150万円
＝**100万円**
↓ 処分すれば
固定資産除却損

最近買ったものでも、状況が変わって使わなくなったものはけっこうあるのではないでしょうか。たとえば去年買ったパソコンでも、事情があって使っていない場合には思いきって除却してしまえば、その残存価額は固定資産除却損として計上できます。**固定資産の残存価額がたくさん残っているものを除却すれば、それだけ節税効果が大きくなります。**

「せっかく買ったものだし、まだ使えるものを捨てるのは忍びない」と思っていても、使わないものは使わないものです。いままで使わなかったものは、今後も使うことはないはずです。どうせ使わないのなら、最後に節税アイテムとして使ったほうがいいのです。そうすれば節税分だけの価値はあった、ということになります。

下取りに出すときはひと工夫しよう

機械などの固定資産を処分するときには、下取りに出すことも多いと思いますが、この場合、少し注意が必要です。もし残存価額よりも高い金額で下取りされた場合は、「固定資産除却損」は計上できず、逆に**「固定資産売却益」**として計上しなければいけません。つまり、**損（経費）を計上するつもりだったのが、逆に利益が加算されてしまう**ということです。

たとえば、100万円の残存価額があるものが120万円で下取りされた場合、20万円の固定資産売却益ということになります。不要な機械を処分して120万円も入ってきたわけですから、会社の経営には寄与することになりますが、節税にはなりません。

しかし、**下取りに出すとき、ちょっとした工夫をすれば固定資産売却益を出さないで済みます**。下取りに出すときというのは、買い換えの場合がほとんどだと思いますが、買い換えの際、業者と交渉して下取り額を高くせずに、その分、新品のほうを安くしてもらうのです。

100万円の残存価額がある機械が下取り価格120万円と査定されたのなら、120万円で下取りしてもらう代わりに、新しく購入する機械を120万円値引きしてもらいます。そうすれば下取り額はゼロ円となり、100万円の固定資産除却損を計上することができます。

下取りとセットで買い換えを行う場合、どうせなら新品値引きの交渉をすべきだと思います。ただ、下取り価格、新品値引き価格にあまりに不自然な点があれば税務署から指摘されるおそれがあります。

その資産が使用できるであろう期間を公的に設定したものです。耐用年数に達する前に使えなくなることもあれば、耐用年数を過ぎても使えることもあります。詳しくはPart 5で説明します。

接待交際にまつわるルールをおさえて経費を増やす

会社が接待交際費を計上する際には、さまざまな制約があります。１人あたり5,000円以内の飲食費の特例と、中小企業に与えられている接待交際費の枠をおさえておきましょう。

会社だと接待交際費は自由にならない

事業をしていれば、取引先や仕事仲間などと飲食をともにする機会が出てきます。その際、立場上ごちそうしなければならないようなこともあるでしょう。そういった飲食費を会社の経費で落とすことができれば、経営者としてはラクで、節税策としても即効性があります。接待に関する飲食費は、本来**「接待交際費」**という勘定科目がありますが、**接待交際費は会社の場合、無制限に使えるわけではなく、かなり制約があります。**

ここが個人事業者と大きく違うところです。個人事業者の場合は、接待交際費に制限はありません。事業のための接待交際に使った費用ならばいくらでも、全額を損金（経費）に計上できます。**ここは、会社を作ることによって不利になる点**です。

資本金１億円を超える会社の場合、接待交際費はかかった金額の50%しか損金（経費）として計上できません。ですので、大企業がまともに接待交際費に計上するのは得策ではありません。では中小企業ならばOKかというとそうではなく、中小企業にも制約があります。

１人5,000円以内の飲食の特例

ただし、接待交際費をまともに損金（経費）に計上できないのはあまりに無理があるということで特例が設けられ、現在は１人あたり5,000円以下の飲食費については接待交際費から除かれ、5,000円以下の飲食費全部が損金算入できます。

「交際費から除かれる」というと、ちょっとややこしいですが、つまりは**1人**

前5,000円以内の飲み代であれば会社の経費で落とせるということです。

飲食費が接待交際費から除かれるためには、次の内容を記載した書類を保存しておく必要があります。

飲食費を経費で落とすために必要な内容

●飲食のあった年月日
●飲食に参加した得意先、仕入先など事業に関係のある人の氏名、名称およびその関係
●飲食に参加した人の数
●かかった金額、飲食店や料理店などの名称と所在地

このように少し面倒くさいものの、飲み代を会社で出せるわけですから、これくらいの手間は頑張ってクリアしましょう。

この特例では、社内の人間同士での飲み会は対象外となります。社内の人間で飲む場合は、Part 4で取り上げる「福利厚生費」や「会議費」などを使うべきでしょう。

1人あたり5,000円というのは、消費税抜きの金額です。また、1人ひとりが5,000円以内に収める必要はなく、**1人の平均単価が5,000円以内に収まればOK**です。ですので、1人5,000円以上かかりそうな場合は、あまり飲み食いしない人を何人か連れていけば解決できるでしょう。

ただし、**1人あたり5,000円を1円でも超えれば、全額が経費として認められなくなる**ので注意してください。たとえば1人あたり5,500円だった場合、5,000円分は会社の経費で落とし、残り500円ずつを身銭で、などということはできないのです。

5,000円以内の飲食の特例を受ける条件

●必ず社外の人をまじえた飲食であること
●必要事項を記載した書類を残しておくこと
●消費税抜きで1人あたり5,000円以内に収めること。超過した分を自腹で払うことはできない

中小企業は年800万円までなら全額損金にできる

先ほど、接待交際費については中小企業でも制約があると書きましたが、資本金１億円以下の中小企業の場合、一定の枠内ならば直接的に飲食費を損金（経費）に計上することができます。

現在の税法では、会社の接待交際費はかかった費用の50%しか損金に算入できないことになっています。しかし、**資本金１億円以内の中小企業では、年間800万円までなら接待交際費をそのまま損金に計上できる**のです。

中小企業には年間800万円の接待交際費の枠があるわけですが、通常は経営者などの交際費として使っている会社が多いようです。しかし、経営者だけでこの枠を使いきる必要はありません。枠が余っている会社では、それを社員に分配することもできます。つまり、社員も接待交際費を使える余地があるということです。

接待交際費を損金にするときの選択肢

資本金１億円以下の中小企業の接待交際費の経費計上方法を説明しましょう。接待交際費が年換算で800万円以内であれば、全額を損金（経費）に算入できます。年換算で800万円を超えた場合は、損金計上する額は800万円か、接待交際費全体の50%のどちらかの選択となります。

たとえば年間の接待交際費が1,000万円かかった場合は、800万円か、1,000万円の50%の500万円を損金に計上できるわけです。この場合は、前者を選択したほうが有利となります。

接待交際費が1,600万円以内であれば800万円を損金計上し、接待交際費が1,600万円を超えれば交際費全体の50%を損金計上するようにします。

中小企業の接待交際費の有利な計上方法

●接待交際費が年800万円以下 → 全額を損金に計上する
●接待交際費が年800万円超 1,600万円以下 → 800万円を損金に計上する
●接待交際費が年1,600万円超 → 全体の50%を損金に計上する

「接待交際」と認められる範囲は広い

「自分の会社は接待するような仕事はない」と思った方もいるかもしれません。

しかし、接待交際というのは、何もお客さんを接待する場合だけのものではありません。「仕事をうまく進めるための交際」であれば、どんな交際でもいいのです。少しでも仕事に関係のある人、仕事に役立つ情報を持っている人などとした飲食は、立派に接待交際費となります。ですから、ほとんどの経営者、ビジネスマンは接待交際費を使う資格を持っているはずです。

ただし、接待交際費を使う際に気をつけなくてはならない点があります。接待交際費は、あくまで経営者や社員が接待交際費を使ったときに、その都度計上するという形をとらなくてはいけません。あらかじめ社員にお金を渡しておいたり、月額いくらで支給していたりすると、それは給料として扱われてしまいます。そうではなく**経営者や社員は接待交際したときに領収書をもらって会社に提出し、会社はそれを清算するという手続きを経なければいけません。**

なお、接待交際費は、社員同士の飲み会でも使うことができます。接待交際費の枠がある会社は、社員同士の飲み会を定期的に催すといった使い方も可能なのです。5,000円以内の飲食の特例では、社内の人間同士での飲み会は対象外ですので、この点は間違えずに区別するようにしてください。

つぶやき

接待交際費は税務署が目を光らせており、指摘を受けやすい勘定科目です。きちんと領収書を残すのはもちろん、どういう相手との接待交際だったのか説明できるように記録を残しておきましょう。

Part2のフリカエリ

「緊急避難型」の節税は、一時的に税金を減らすが、あとからその分の負担を背負うことになる。本質的な節税は「恒久型」の節税。

経営セーフティ共済は、掛金に税金がかからないので、会社にとって倒産防止保険をかけつつ預金しているようなもの。掛金の上限は1年で240万円、総額で800万円。

中小企業は、30万円未満の固定資産なら、年間300万円まで買った年の経費にできる。儲かった年は、「いずれ買う必要があるもの」「買い換えが必要なもの」などをまとめ買い。

貸倒引当金は中小企業の特権。設定すれば、実際にお金を動かさずに机上の処理だけで経費を増やせる。

在庫は会社の税金を左右する。在庫の価額を少なく計上すれば今期の税金は減る。ただし、翌期にはその分が加算されるので、トータルで見れば税金は変わらない。

会社が儲かっているタイミングで、もう使わない固定資産を廃棄すれば利益が圧縮されて節税になる。

会社では、接待交際費は自由にできない。消費税抜きで1人あたり5,000円以内の飲食費の特例や、中小企業の接待交際費枠を上手に使うこと。

Part 3

給料、ボーナス、退職金を使いこなそう

会社にかかる法人税、個人にかかる所得税。
どちらか一方を安くしても、
もう一方が高くついてしまっては意味がない。
2つの税金に目を配って、
トータルで節税するにはどうすればいい?
会社から支払われるお金の扱いがカギになります。

01 家族を使って所得を分散することは超基本

家族を従業員にすると所得が分散され、経営者にとって大きな節税になります。家族を従業員にすることは、そう難しくありません。

家族を従業員に迎える

中小企業にとってもっとも手堅い節税策は、家族や親族を会社の中に入れることです。

やり方は簡単です。役員や従業員として、妻子や親兄弟を会社の一員にしておくのです。

身内を役員や従業員にすると、平時の節税にもなりますし、ある年の利益が急に増えたといった場合の緊急時の対策にも使えます。

同じ1,000万円の所得でも、税金の差は数百万円になる

日本の所得税は**累進課税**で、所得が大きい人のほうが税率が高くなる仕組みになっています。

91ページに所得税の速算表を再掲します。所得の多寡に応じて税率が7段階に分かれていることがわかります。

これはつまり、**給料や報酬などの所得は、1人でたくさんもらうより、家族で分散して受け取ったほうが全体の税金を安くできる**、ということです。

たとえば、1,000万円の所得を経営者1人が受け取った場合と、家族4人に分散した場合を比較してみましょう。1,000万円を1人で受け取った場合、所得税だけで200万円程度かかります。住民税を合わせると300万円程度になります。

一方で、1,000万円を、経営者に400万円、その妻に200万円、両親などの親族2人に200万円ずつ報酬や給料として支払った場合は、所得税、住

民税を合わせて、家族全体でもだいたい100万円以下で済みます。

このような節税策を施している会社は、日本全国にいくらでもあります。筆者が調査官をしているときにも、こういった節税策をしている会社は数えきれないくらい目にしました。実質的には1,000万円以上の収入があるのに、払っている税金は薄給の筆者よりも少ない一族経営者は大勢いました。内心ではカチンときつつも、節税策としてはしごくまっとうなものですから、文句などはいえませんでした。

所得税の速算表

課税される所得金額		税率	控除額
1,000円から	1,949,000円まで	5%	0円
1,950,000円から	3,299,000円まで	10%	97,500円
3,300,000円から	6,949,000円まで	20%	427,500円
6,950,000円から	8,999,000円まで	23%	636,000円
9,000,000円から	17,999,000円まで	33%	1,536,000円
18,000,000円から	39,999,000円まで	40%	2,796,000円
40,000,000円以上		45%	4,796,000円

小さな会社にとって家族従業員は使いやすいものです。信頼関係がありますからお金をくすねられる心配もありませんし、性格やスキルも把握済みでしょう。業績がふるわなくなったときに給料を下げることのハードルも高くありません。

家族従業員のことで税務署に文句をいわせないようにするには？

家族に支払う給料に関しては、税務署もそれなりにチェックをします。ですが、条件さえクリアしていれば税務署がクレームをつけることはありません。

税務署はどういう視点でチェックする？

家族が会社の役員や従業員をしている場合、税務署はかなり厳しくチェックをします。どういうことをチェックするのかというと、主に次の2点です。

この2点については会社側で注意しておかなければいけませんが、そうナーバスになることもありません。

条件さえクリアしていれば、税務署が家族従業員やその給料に口を出すことはできないからです。

その条件とは、第一に、「**ちゃんと仕事をしている**」ということです。何の仕事もしていない社員に給料を払っているとなれば、それは不当に所得を分散しているとみなされるおそれがあります。常識的に考えても、幽霊社員に給料を出しているような会社は、まっとうとはいえないでしょう。実態として仕事をしていて、仕事をしているその形跡を残さないといけません。

給料の額もよほど高くなければ、税務署はそう目くじらを立てることはありません。たとえば、経営者の母親が１日１回会社にやってきて整理や掃除をしてくれる。それで毎月20万円の給料を払っていても、とがめられることはないでしょう。もしこれを派遣社員にやってもらおうと思えば、それくらいの報酬を出さないと来てもらえないでしょうから。

一方で、これを月50万円の給料にしているとなれば問題視されるでしょう。**世間相場からあまりにかけ離れた待遇にするのはマズい**ということです。世間並みよりも若干待遇がいい、という程度なら税務署も口を挟みません。そういうふうにしている会社はいくらでもあります。

家族以外に従業員がいる場合の注意点

会社の中に家族以外の従業員がいる場合には注意が必要です。家族従業員と比べて、明らかに待遇が違う場合は問題となります。

同じような仕事をしているのに、家族従業員の給料は高額で、しかも彼らだけボーナスが出るなどという場合はアウトでしょう。

また、**福利厚生で家族従業員だけが優遇されているのも問題となります。**福利厚生費は、中小企業にとって非常に有効な節税アイテムなのですが(詳細はPart 4で説明します)、これは全従業員が公平に享受できるようになっていなければならないのです。

会社の中に家族従業員しかいなければ比較の対象がありませんから、ほかの社員との兼ね合いは気にしなくてもかまいませんが、家族以外の従業員がいる場合は、「客観的に見て妥当な待遇」を考えなければいけません。

家族従業員と家族以外の従業員とのバランス取りがわずらわしい人や、会社の規模をあまり求めない人であれば、家族経営だけでやっていくのも、中小企業の立派な経営戦略です。

どういう仕事をしたのかがわかる記録、具体的には日報のようなものがあると一番いいでしょう。

03 経営者の配偶者の報酬に注意！

経営者の配偶者の報酬は、ほかの家族従業員とは扱いが異なります。配偶者を家族従業員にするのはよくあることのはずですから注意が必要です。

経営者の配偶者は、経営者と同じとみなされる？

身内を従業員にした場合に注意しなければいけない点は、まだあります。

従業員として雇った人であっても、その人の条件によっては役員とみなされる場合があるのです。これを**「みなし役員」**といいます。

原則として、経営者を含む役員には、毎年、株主総会などで決められた額の報酬しか払うことができず、儲かったからといってボーナスを出すことなどはできません。

「みなし役員」になると、役員と同じように、年間を通じて一定の報酬しか払うことができず「儲かった年に、その人の報酬を上げたりボーナスを払うことで会社の利益を減らし、その分節税する」という手が使えなくなります。

そして、経営者の配偶者などは「みなし役員」とみなされることが多いのです。夫婦であれば経営について話し合っている可能性が高いので、平社員であっても実質的に役員ではないか、ということです。

どういう場合に「みなし役員」となるのか、その条件を確認してみましょう。

まず、会社の使用人（従業員）ではないけれど、会社の経営に従事している人は役員とみなされます。具体的には、相談役、顧問などの役職名で、実質的に経営に携わっている人たちです。

次に、使用人（従業員）の場合は、その人の持ち株が次の条件をすべて満たしている場合は「みなし役員」となります。

みなし役員とされる条件

- ●経営に関与している
- ●その人の持ち株割合（配偶者分含む）が５％を超えている
- ●その人の同族グループ（血族６親等、姻族３親等以内）で持ち株割合が10％を超えている
- ●同族グループ３位までの持ち株割合が50％を超えている

自社株を100％持っているオーナー社長の配偶者などは、株の保有条件から見ると「みなし役員」となります。また、社長かその配偶者が５％超の株を持っていて、自分たち（社長と配偶者）を含む３つ以内の同族グループで株の50％超を持っていても「みなし役員」となります。

配偶者が経理をしていたらアウト？

しかし、「経営に関与している」かどうかについては、判断するための具体的な基準はありません。

税務当局は、だいたい「小さな会社だったら、経理をしていれば経営に関与しているといえるからアウト」というような考え方をしているようです。つまり、配偶者が経理をしているのなら、それは会社の経営に携わっていると考えるということです。

この税務当局の考え方はぜったいではありませんが、税務の現場ではこの考え方が取り入れられていることが多いようです。ですから配偶者が経理を行っていれば、「みなし役員」と考えたほうが無難です。

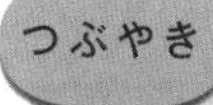

大まかな考え方としては、「配偶者が帳簿を触っていたら、配偶者の報酬は期中で増額することができない。ボーナスも出せない」ということになります。

「小さな会社で経営者の配偶者が経理に関与しているのであれば、必然的に経営にも関与しているはずだ」という考え方ですが、しかし本当に経営に関与していないのであれば、その事実のほうが優先されます。

04 「非常勤役員」を活用してハードルを下げる

家族を社員にする場合、「非常勤役員」という手も選べます。非常勤役員は、中小企業の税務戦略にとって重要な意味を持ちます。

常勤できる身内が見つからないなら

会社に身内を入れれば節税になるとはいっても、役員や従業員になるには名義を貸せば済むわけではありませんから、それなりに制約があるでしょう。家族はみな、別に仕事を持っていたり、遠方にいたりするから、役員や従業員にすることはできないといった場合もあるでしょう。

そんなときには、**「非常勤役員」**にするという手があります。

非常勤役員というのは、その名のとおり、常勤しない役員のことです。助言をもらったり、いざというときに交渉役になってもらったり、人脈を紹介したりしてもらうための役員です。

非常勤役員なら、毎日出社する必要はありません。これといった定型的な業務をしていなくても大丈夫です。ですから、**非常勤役員にするためのハードルは、通常の役員や従業員よりもかなり低い**といえます。

ただし、非常勤役員の場合も、家族従業員と同様、まったく会社の業務に関与していない実態のないものであれば、税務署からおとがめを受けることになります。ですが、時折でも、実際に会社に対して助言を与えたりしているのであれば、税務署がそれを否認するのは難しいです。

大企業でも、「非常勤役員」の肩書を持ちながら、そのような仕事しかしていない人はいくらでもいます。有名タレントや一流スポーツ選手が、形ばかりの非常勤役員になっているケースも多々あります。

ですから、**税務署が、非常勤役員を置いていることに対して「仕事をしていない」として否認するのは、家族従業員を否認するよりも難しい**といえるでしょう。

非常勤役員の報酬はどれくらい？

とはいえ、念のため、非常勤役員が行った業務、助言などの記録は残しておくことをオススメします。

また、非常勤役員の報酬は、常勤の役員よりも低くしておかないと、さすがにおかしいでしょう。

中小企業の場合なら、ざっくりいって月10万円～20万円くらいまでなら大丈夫でしょう。儲かっている会社や規模が大きい会社なら、もっと払ってもいいですが、それも世間相場と見比べて決めなければいけません。

非常勤役員でも、「監査役」などの肩書を持たせれば、それなりに高い報酬を払っても大丈夫です。もちろん経営者よりも多く払っていたりすれば問題になりますが、経営者の半分くらいまでなら問題ないでしょう。監査役といっても、会計士などの資格が必要になるわけではありません。ありていにいえば、誰でもなることができます。

また、常勤ではない社員の場合、次の条件を満たしていれば社会保険に加入しなくてもよいことになっています。つまり、**非常勤役員は、会社の税金だけでなく、社会保険料の節減にもなる**ということです。

監査役：企業の会計、決算書の内容などを監査する役員のことです。特に会計の資格や知識は必須ではなく、誰でもなれます。

非常勤役員は、税金と社会保険の両面で有効な策となります。身内に限らず、信頼のおける知己を非常勤役員に迎えるのも、もちろんアリです。

証明義務は税務署にあり

でも妻がお茶くみとか電話番とかもしていないのではと疑われたらどうしますか?

家族だから適当にごまかしているんだろうって

もし 税務署が奥さんの人件費を否認しようと思えば、「この人の人件費は多すぎる」という証拠を税務署自身が出さなければならないんです
へぇ
InC

税務申告は、原則として納税者の申告が認められます。税務署が否認できるのは、その申告に明らかな誤りがあるときだけ
アヤしいけど証拠が…
ムムム…

じゃあ、妻がちゃんと仕事をしていれば給料が正しいことの証明はしなくていいと？
InC
それなりに証拠を残しておくほうがお互いの手間を省くことになりますが、最終的にどちらに証明の責任があるかというと税務署のほうなのです
が…ガンバリます
はは

「決算賞与」という名の節税アイテム

ボーナスの支給は夏と冬に、という決まりはありません。決算期に支給する「決算賞与」は、上手に使うと有効な節税アイテムとなります。

決算賞与をメインのボーナスにする

節税目的で人件費を使いこなそうとするなら、ボーナスの支給時期というのは非常に重要になります。ボーナスの支給時期をうまく設定すれば絶妙な節税策が施せるからです。

ボーナスの支給時期は、夏と冬の２回にしている会社が多いでしょう。しかし、この夏と冬の２回というのは、単に世間の風潮に合わせているに過ぎません。**税務戦略的には、夏と冬のボーナスというのは決していい選択とはいえません。**

ボーナスが年２回なら、**もっとも効果的なボーナスの支給時期は、決算期と、その半年後となります。**

支給時期が決算期なら、**「決算賞与」**にすることができます。決算賞与は、決算期にその年の会社の利益を従業員にも分配する意味合いのボーナスです。決算賞与を出している会社はかなりあるようですが、夏、冬のボーナスと比べれば副次的な扱いになっているケースが多いようです。しかし、節税戦略から見れば、この決算賞与こそメインのボーナスにするべきなのです。

なぜかというと、**決算賞与は会社の利益を調整するのに打ってつけ**だからです。決算期が近づいてきたけど、今年は思いのほか利益が多くなりそう、このままだと税金が……。そういうときには決算賞与を景気よく出して、利益を吐き出してしまえばいいのです。

極端な話、いくら会社の利益が出ても、それと同じだけの決算賞与を出してしまえば利益を消してしまうことができます。そうすれば、法人税をはじめとする会社の利益にかかる税金はゼロにすることができます。

2回目のボーナスは決算期から半年後に

また、決算期の半年後に次のボーナス支給時期を設定しておくと、そこでまた利益調整をすることができます。**前年に決算賞与をたくさん出したのなら、景気の状態を見ながら、決算期から半年後のボーナスで、その分を調整すればいい**のです。

年間のボーナスはだいたい何カ月分と定めておいて、1回ごとのボーナスの額は、会社側で任意に決めるというように言い含めておけばいいでしょう。従業員としても、ボーナスの総額が約束どおり支払われていれば、1回ごとのボーナスの額が増減しても異存はないはずです。

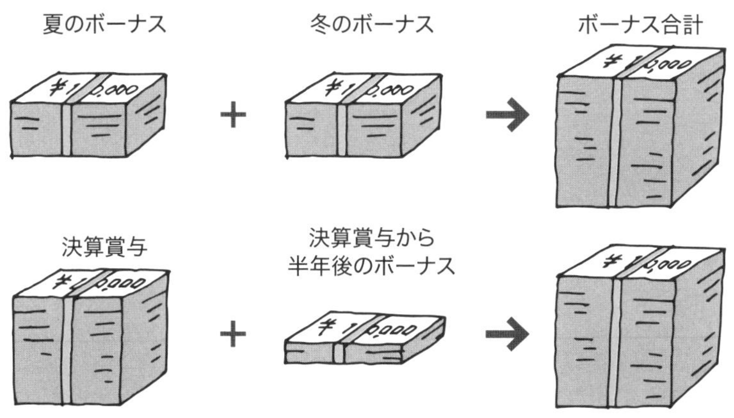

ボーナスの支給時期を決算期にしておくことで、ボーナスが利益調整の道具になります。

特に家族だけでやっているような会社は、決算賞与が重要な意味を持ちます。会社に利益が出ても、経営者には事前に決めてある額しか賞与を出せません。儲かったときに家族従業員にボーナスを出せば、会社の利益を一族に取り込めます。

ボーナスは会社と従業員で取り決めがある場合も多いですが、ボーナス全体が減らなければ従業員に文句はないはずですから、支払い時期について相談に応じてもらえる余地はあるでしょう。

06 決算賞与には支給時期の特例がある

決算賞与には、必ずしも決算期内に支給しなくてもいいという特例があります。これをうまく使えば、資金繰り的にも無理せずに賞与を支給できます。

決算期はお金がない！ 事務作業も大変！

決算賞与は有効な節税アイテムと述べましたが、経営者としては、決算賞与を出すとなると、なんとなくもったいない気持ちになるかもしれません。家族経営以外の会社では、せっかく利益をあげても、それが経営者には取り込まれず、従業員に分配されてしまうという感じになるかもしれませんね。

ですが、「大盤振る舞いの決算賞与は、会社にたくさんの利益が出たから。今回の決算賞与は、いわば次のボーナスの先払い」ということを社員に言い含めておけばどうでしょうか。**次の年の業績がふるわなければ、決算賞与の次のボーナスの額を減らせばいいのですから、格好の利益調整方法になります。**

また、「決算賞与を出したいけど、決算月は資金繰りがつかない」という会社もあるでしょう。決算月には、いろんな決済が集中しますから、現金預金が不足してしまう、という会社も多いはずです。特に３月決算の会社は、取引先も３月決算が多いわけですから、未払金などの決済を求められることが多いでしょう。

決算月は、資金繰りだけでなく、事務作業も一番繁忙な時期です。さまざまな帳簿を整理して決算書を作らなければいけませんし、税務署や役所への届出などの作業にも追われます。そういう時期に、社員への賞与支給という事務が増えるのは、中小企業にとってはかなり痛いはずです。

そんなときには、**一定の条件をクリアすることで決算賞与の時期を１カ月ずらすことができます。**

「未払賞与」にすることでピンチをクリア

決算賞与は、必ずしもそのときに払う必要はなく、**「未払賞与」**として処理することもできます。

未払賞与というのは、「払うことは決まっているのだけれど、まだ払っていない賞与」のことです。**この未払賞与は、賞与を支給すると決めた時点で会社の経費にすることができます。**

たとえば、３月決算の会社が３月31日に決算賞与を支給すると決めれば、未払いであっても、その年の損金（経費）に計上することができます。つまり、**会社のお金は出ていっていないのに、損金（経費）だけはしっかり計上できる**、ということです。資金繰りが大変なときにはありがたいといえます。

ただし、この未払賞与をその年の損金（経費）に計上するためには、次の３つの条件を満たさなければいけません。

未払賞与を損金にする条件

- 決算期日までに、支給額を支給される各人に通知していること
- 決算期日の翌日から１カ月以内に支払っていること
- 支給される各人に通知をした事業年度に経費処理をしていること

つまり、決算賞与をいくら支給します、ということを決算期までに社員に通知して、実際に、決算期日から１カ月以内に支払わなければいけないということです。

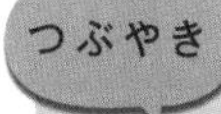

決算期から1カ月後には支払わなくてはならないので、そう猶予はありませんが、一番厳しい決算月での支払いが避けられるのはメリットではないでしょうか。

日本の会社は3月決算が多いので、日本企業にとって3月は大みそかのようなものです。年度内のツケを3月末までに清算するケースも多いようです。

07 退職金をためながら節税！

中小企業には、退職金をためながら損金にできる「中小企業退職金共済」という制度があります。これは節税策としても非常に有効なものです。

退職金は潜在的な債務なのに積み立てても損金にできない

「中小企業退職金共済」とは、中小企業が毎月いくらかずつを積み立てて、従業員が退職したときにそれを退職金として支払う共済制度です。

この中小企業退職金共済に積み立てたお金は、全額損金にできます。

現在の日本の税法では、退職金のための引当金は認められていません。退職時に退職金が支払われると就業規則で定めている会社、退職金の支払い慣習がある会社には、従業員に対する退職金の支払い義務があります。退職金は、会社にとって潜在的な債務といえるものです。しかし、会社が退職金のためにお金を積み立てても、それは会計上、損金にはできません。

つまり、**会社は従業員の退職金を支払う債務を負いながら、それを損金として積み立てておくことができない**のです。これは会社にとって痛いことで、税制上の欠陥ともいえます。

そこで、中小企業退職金共済

中小企業退職金共済を使えば、毎年損金としつつ退職金を積み立てることができます。

たとえば、中小企業退職金共済を使って、従業員１人あたり月３万円を積み立てたとします。３万円×12カ月で、毎年、従業員１人あたり36万円の損金（経費）を計上できます。20年後には利子も含めるとだいたい800万円に、30年後には1,200万円くらいになります。それだけの備えがあれば従業員が退職するときに慌てなくて済むでしょう。

さらに、この中小企業退職金共済は、１年間の前納が可能というメリットもあります。期末に１年分を前納すれば、期末になってからの節税になります（ただし一度前納したら、その後もずっと前納し続けなければいけません）。

また、中小企業退職金共済には国からの助成があります。積み立てた額に国が若干の上乗せをしてくれるので、税金のことは脇に置いて単なる退職積立金と考えても有利な制度です。

注意点は、中小企業退職金共済を導入するのなら、全従業員に掛金をかけなければいけないということ。契約を解除するときにも、全従業員の同意が必要になります。

中小企業退職金共済

加入資格

- ☑ 資本金5,000万円以下の企業（製造業、建設業は3億円以下、卸売業は1億円以下）

掛金

- ☑ 従業員１人あたり月5,000円から３万円
- ☑ 5,000 ～３万円の範囲内での増額は自由にできる（減額は理由が必要）
- ☑ 特例として、パートタイマーなどには１人あたり月2,000円から4,000円の掛金もある

解約条件

- ☑ 全従業員が解約を認めたとき（もしくは厚生労働大臣が掛金を払い続ける状態ではないと認めたとき）

つぶやき

中小企業退職金共済は優れた制度ですが、残念ながら経営者や役員、家族従業員は加入することができません。ファミリーの資産形成のためには使えないということです。

以前は退職引当金が認められていました。いつ退職金の支払いが生じてもいいように、一定のお金をプールしておき、そのお金は会社の経費で落とすことが認められていたのです。

もっともパワフルな節税アイテムは「退職金」

中小企業の節税アイテムの中で、もっとも効果が大きいのは退職金です。退職金ならば数千万円、場合によっては億単位の利益を一気に消すことができます。

退職金のパワー

長年、会社経営をしていれば、何年間に１回、あるいは何十年間に１回くらいは、想像以上の利益が出てしまうことがあります。もちろん、それは会社にとって喜ばしいことです。

しかし、喜んでばかりはいられません。想像以上の大きな利益が出たとき、そのままにしていれば、当然、想像以上の大きな税金がかかってきます。

会社に利益が出ても、経営者自身は期中で報酬を上げたり、あらかじめ規定した以上のボーナスを出すことができません。せっかく何年に一度、何十年に一度の僥倖だというのに、税金ばかりで、会社や経営者にお金が残らないこともあり得ます。そんなときに、**もっとも即効性があって効果が大きい節税策というのは退職金**です。

たとえば家族従業員に退職してもらい、その人に退職金を払えば、相当に大きな利益圧縮ができます。数千万円、場合によっては億単位の利益を消すことができます。中小企業なら、大儲けした年でも、１人か２人に退職してもらえば利益をほぼ消してしまうことができます。

退職金で受け取れば税金が安い

退職金は、払う側の会社の利益を圧縮するだけではありません。もらうほうの税金も非常に安くなっています。

退職金は**「退職所得」**として扱われます。退職所得の税金の算出方法は次のようになっています。

（退職金 − 退職所得控除） × $\frac{1}{2}$ × 税率 ＝ 退職金の税金

退職金の額面から差し引くことができる「退職所得控除」の金額は、次の式で求めます。

退職所得控除額

勤続年数	退職所得控除額
20年以下	40万円 × 勤続年数
20年超	800万円 ＋ 70万円 ×（勤続年数 − 20年）

※勤続年数に１年未満の端数があるときは、１日でも１年として計算します。
※上の式で計算した金額が80万円未満の場合は、退職所得控除額は80万円になります。
※障害者となったことが直接の原因で退職した場合は、上の計算金額に100万円を加算した金額が退職所得控除額になります。

たとえば20年勤務した人なら、勤続年数「20年以下」で計算します。

40万円 × 20年 ＝ 800万円

この800万円が退職所得控除になります。退職金から退職所得控除を差し引いたのち、さらにそれを $\frac{1}{2}$ にしたものが税金の対象になります。

同じ額を給料でもらった場合と比較すると、ざっくりいって税金はだいたい $\frac{1}{3}$ 以下になります。所得税だけでなく住民税も同様に安くなります。

退職金の妥当な額は？

退職金を出す際に、どのくらいの金額までなら認められるのか、という点に不安を持つ方も多いでしょう。

原則として役員（経営者）の報酬は、株主総会などであらかじめ決められており、年度途中でそれを増額することはできません。

実は**退職金の妥当な額というのは、税法できっちり定められているわけではありません。**税務当局の見解を見ても、「同業他社と比較したり、社会情勢をかんがみた妥当な額」などという非常に曖昧な表現になっています。

アメリカの大企業の役員などが、たった数年の勤務で何億、何十億円も受け取ったなどのニュースが流れることがありますが、日本でもそういうケースは増えています。そのようなケースを税務署が否認したというのは、筆者は聞いたことがありません。

退職金に関して、**税務署に文句をいわれないためには、まず就業規則に退職金の計算方法などを明示しておく**ことです。

就業規則に、退職金の支払いの時期や額などを定めておいて、そのとおりに払うのです。期末に急きょ退職金の支払いを決定するというなら、就業規則にそのことを書き加えておいたほうがいいでしょう。ただ、就業規則にうたっていなければ退職金の支払いが認められないということではありません。あくまで、そのほうが確実という意味です。

また、多額の退職金であっても明確な理由があれば認められます。創業者で、会社にこれだけの利益をもたらした、だからそれに見合うだけの退職金を払う、というような特別な決議を株主総会などでしておくのです。

退職金というのは、おおむねその人がもらっていた報酬に比例するものです。ですので、退職金を多く出したいのなら、日ごろの報酬を高めに設定しておくことが必要ともいえます。

会社を退職する前に報酬を上げるという、天下り役人がよく使う手もあります。同じ手を民間の会社が使ってはいけない理由はありません。

功績倍率で退職金をはじき出す

日本企業の退職金の妥当な額を測る基準らしきものがあるので紹介しましょう。それは**「功績倍率」を使う方法**です。功績倍率というのは、会社に対する功績を数値で示すもので、算式は次のようになります。

功績倍率 ＝ 退職金 ÷ 最終報酬月額 ÷ 在任(勤務)年数

この算式を逆にして、功績倍率を用いて退職金を求める式にすると次のようになります。

最終報酬月額 × 在任(勤務)年数 × 功績倍率 ＝ 退職金

功績倍率は、本来はその人の貢献度によって上下するものですが、これには相場があります。だいたい、**「2」前後なら問題なし、「3」くらいまでは大丈夫**とされています。

20年間役員を務め最終の報酬月額が100万円の人に対して、功績倍率「2」で退職金を計算すると次のようになります。

報酬月額 100万円 × 勤務年数 20年 × 功績倍率 2

＝ 退職金 4,000万円

この人の退職金は4,000万円なら問題なしとなります。ここからも、退職金を多く出したい場合には、最終報酬月額を高めに設定すればいいことがわかります。

外資系企業などでは、けたはずれの退職金を出してこの基準から大幅にはずれていることもあり、功績倍率も明確なものではありません。しかし、中小企業であれば、功績倍率をもとに退職金を算出していればまず問題は起きないでしょう。

09 退職させずに退職金だけを払う方法

経営者や役員に退職してもらうと業務に支障が出るおそれがあります。そんなときは、退職させずに退職金だけ払う方法もあります。

退職金を払ったあとも会社に残る

退職金はパワフルな節税アイテムだということを紹介しましたが、退職金を出すためには、原則として、その役員や社員を辞めさせなければなりません。会社にとってお飾りの役員や社員だったらそれも簡単ですが、そうでない場合は会社の経営に大きなダメージがあります。

そこで、役員や社員を退職させずに、退職金だけを払う方法を紹介しましょう。

それは、**役員や社員の役職を解き、退職金を払うという方法**です。**会社を辞めさせるのではなく、役職だけを解きます**。たとえば、社長を退任させ、社長業に対する退職金を払います。そして、社長はそのまま役員として会社に残ります。

社長が退任すれば、どんな小さな会社でも、数千万円単位の退職金を払えます。何十年も営業を続けてきた会社なら、1億円以上の退職金を出してもおかしくありません。退職金にかかる税金は、通常の所得と比べて優遇されているので、社長個人にとっても税負担はそれほど大きくなりません。

ところで、「社長を辞める」となると、経営権も手放さないといけないのでは、と危惧する方もいるでしょう。

日本企業のほとんどはオーナー会社ですから、社長という肩書がはずれたところで、オーナーが筆頭株主であることに変わりはありません。ですから、**会社の経営権を手放すわけではない**のです。

実際、社長を退任したあと、会長などの肩書で隠然と会社に影響力を残している経営者はいくらでもいます。

ただし、この方法にはいくつかの注意点があります。

まず、**役職を解く前と解いたあとでは明確に職務内容が変わっていなければならない**、という点。職務内容がそのままで役職だけを解いても、「実質的には変わっていない」と、退職金を否認されるおそれがあります。

そして、設立して数年程度の会社では、退職金をあまり大きな額にすると過大報酬とされることがあります。たった数年で、あまりに多額の退職金では、やはり無理があります。108ページで説明した功績倍率などを参考にして退職金の額を決めてください。

解職に対する退職金は、たとえば10年以上の実績がある会社で、偶発的な要因で当期だけ莫大な利益があったようなときに効果的だといえます。また、２世がすでに会社の中心になっているような会社では、利益があがったときに、現社長が退任して後継者にバトンタッチすることは、世代交代を円滑にするという面からもメリットがあります。

社長に限らず、専務などの肩書がついた身内役員の役職を解いて退職金を払うのもOKです。これなら経営への影響はそれほど大きくならないでしょう。

株式会社では、最終的な意思決定権は株主にあり、株を過半数持っている株主が絶対的な決定権を持ちます。社長が別にいたとしても、過半数の株主の決定に逆らうことはできません。

10 社員を役員に昇格させるタイミングで退職金を出すウラ技

ヒラ社員を役員に昇格させるときに、社員としての退職金を払うという方法もあります。

社員から役員になる人に、社員としての退職金を出す

退職させたり、役職を解いたりして退職金を払う節税方法を紹介しましたが、対外的な体裁もあり、役員の退職や解職はちょっと難しいという会社もあるでしょう。

そういう場合、誰も退職させずに退職金を払うというウラ技も、実は存在します。

それは、**（役員ではない）社員の誰かを役員に昇格させることで退職金を払う方法**です。先ほどの、役員を解職するときに退職金を払うのと逆になります。

「役員に昇格した人に退職金を払う」というと突飛に聞こえるかもしれませんが、これは可能なことです。裁判所の判決も出ており、判例もあります。

ヒラの社員が役員に昇格するとき、社員と役員では、報酬の条件や職務内容が変わるので、「社員としての勤務は終了した」として退職金を払います。実際のところ、こうやって退職金を払っている会社はけっこうあり、国税当局が「退職金としては認められない」として税務訴訟にまで発展したケースもありますが、**役員昇格後に職務内容、労働条件に大きな変動がある場合は、退職金として認められるという判決が出ました。**

役員と社員では、建前の上では立場がまったく違います。社員は会社から雇われている立場ですが、役員は雇う側の立場であり、職務内容も報酬形態もまったく違います。ですから、役員に昇格するときに**「社員としては退職し、役員として会社に入る」**という考え方をするのは無理筋ではないのです。

社長

社員から役員に
昇格

社員の業務を引き継ぐ
パートタイマーなど

「役員に昇格させるときに退職金を払う」手法は、家族経営の会社には特に有効な策だといえます。事業の承継と絡めて節税することができるからです。

たとえば、息子が社員で、そのうち息子にあとを継がせようと計画している会社だったら、大きな利益が出たタイミングで、息子を役員に格上げして退職金を支払います。

ただし、この方法にも注意点があります。

役員に昇格したときには、**職務内容や待遇が大きく変わらなければいけません**。「若干変わった」くらいではダメで、明確に変わる必要があります。役員に昇格しても、社員だったときとほとんど変わっていなければ、「税金逃れのためのうわべの昇格」と判断されてしまいます。それを避けるには、何がどう変わったのかをきちんと書面に残す必要があります。

また、判決が出ているといっても、当局と争いとなる可能性はなきにしもあらずですので、この方法を取り入れるかどうかは自己責任で判断するようにしてください。

裁判所で一度認められている以上、税務当局も正面からは異を唱えにくいと思いますが、役員としての条件などに文句をつけてくるおそれはあります。くれぐれも、職務内容と待遇は明確に変化させてください。

税務訴訟は、国税当局などの行政処置に不満がある場合に、納税者側が訴訟を起こすことです。訴訟を起こす前に、国税庁に設置されている国税不服審判所に訴えることもできます。

非常勤役員にも退職金を出せる

非常勤役員が退職するときに退職金を払えます。非常勤役員なら経営への影響は限定されるでしょう。

非常勤役員の出番

退職、解職、昇格にともなって退職金を払うといっても、人事上の制約もあって、なかなかできそうもないという会社もあるでしょう。

そういう会社には、**「非常勤役員を退職させ、その退職金を払うことで節税する」**という方法をご提案したいと思います。

96ページで述べたように、非常勤役員は常勤でない役員ですから、毎日出社するわけではありませんし、これといった定型的な業務をしていないことが多いものです。そういう**「あまり必要でない非常勤役員」に退職してもらう**、というわけです。

非常勤役員なら、ほかの役員に比べてはるかに会社にとって負担が少ないでしょう。とはいえ、非常勤役員でも、退職金はざっくりいって数千万円程度は出すことができるので、かなりの節税になります。

非常勤役員の退職金は、日ごろの報酬額に比例します。年間報酬1,000万円くらいを出しているのなら、数千万円の退職金を払うことは可能です。

年間100～200万円くらいの報酬ではそう多くは出せませんが、退職金である以上それなりの額にはなりますし、節税効果は見逃せないものがあります。1,000万円規模の節税がしたい場合には検討してもらいたい手段です。

ただし、いったん退職させた非常勤役員は、再度、非常勤役員として登用するのは難しくなります。節税目的と判断されてしまうからです。この点は注意してください。

退職金の基準は、日ごろの報酬額の○○倍というような形になります。そのため、日ごろの報酬額が高いほど大きな退職金を出すことができます。

非常勤役員確保のススメ

「非常勤役員は中小企業の税務戦略にとって重要な存在」と述べました。非常勤役員は、所得の分散はもとより、予想外に大きな利益が出たときの利益圧縮手段としても使えます。

ですから、会社を立ち上げたときに家族や親族など近しい人を自社の非常勤役員に迎えるのはいい選択だと思います。

そして、1人の非常勤役員に退職してもらったあとは、今度はほかの人を非常勤役員に迎えます。もちろん、今後の節税のためです。

非常勤役員のメリット

- ❶ 身内などを据えやすい
- ❷ 報酬を払って所得を分散できる
- ❸ 条件を満たせば社会保険に加入しなくてもよい
- ❹ 退職金で利益調整できる

親子何代かにわたって続いている会社だったら、引退した先代は必ず非常勤役員に据えておくことをオススメします。まったく仕事から手を引いてしまい、会長職などからも退くという場合でも、非常勤役員のポジションには据えておいたほうがいいでしょう。経営面からも節税面からも、いざというときに頼りになります。

非常勤役員に迎える人材は、金銭面などのトラブル回避を考えれば、やはり友人などより親族のほうが好ましいでしょう。非常勤役員にできないか、周辺にいる親族を中心に考えてみてください。

12 「役員報酬は高め」が基本

役員報酬は、原則として期中に増額することができません。期中に役員報酬を上げたり、役員賞与を払うと法人税がかかります。

役員報酬は事前に決めるのが原則

会社の税務では、**役員報酬**は事前に決められているか、毎月同額の報酬が支払われることが原則になっています。

特に、**経営に携わっている役員は、期中に役員報酬を増減することができないことになっています**。

「使用人兼務役員」といって、役員といっても使用人（従業員）に近い立場の人にはボーナスを出すことができます。しかし、小さな会社のオーナー社長は使用人兼務役員になることができません。また、その配偶者も経理などをしている場合は経営に関与しているとみなされて、使用人兼務役員になれません。

「今年は例年に比べてだいぶ景気がいい」となっても、「ボーナスをぽーんと出して社長の報酬を上げようか」とはできないわけです。

社長の報酬は高めに設定しておこう

ですから、オーナー社長の報酬は、あらかじめ高めに設定しておくのが基本です。

もし払えなくなったら、減額したり、未払いにすることができます。

社長の報酬は、**期の途中で増額することはできませんが、減額したり、未払いにすることはギリギリ認められています**。景気が悪くなって会社にお金がなくなってしまえば、さすがに払いたくても払えませんからね。

税務上は減額には要件がつけられていますが、経営状況がかんばしくない会社が役員報酬を下げるのは当たり前のことなので、税務署もこの点は厳しいことをいいません。ただし、減額した場合、その期中は減額したままの報酬額にしておかなくてはいけません。

役員報酬を多めにしておけば、思った以上に儲かったとき、「もっと役員報酬を増やしておけばよかった。でも増額できないからあとの祭り」という事態は避けられます。

報酬が高いと税務署ににらまれる？

経営者の報酬を高く設定した場合に、「高すぎて税務署から文句をいわれないだろうか」と心配になる方もいるでしょう。

これは、それほど心配はいりません。

経営者の報酬というのは、会社の業績をそのまま反映させるべきものです。**会社が経営者にそれだけの報酬を払う体力があるのなら払ってもいい**のです。

赤字なのに役員に多額の報酬を払っている半官半民企業は、いくらでもあります。民間企業は自分たちで稼いだお金から報酬を払っているのですから、代表者にいくら払おうと文句をいわれる筋合いはありません。

「同規模の同業者と比べて著しく高くない報酬にしなければならない」という税理士もいますが、これも絶対的なものではありません。同規模の同業者でも、「全然儲かっていない事業者」と「すごく儲かっている事業者」で同じような報酬になることはあり得ないでしょう。

気をつけてほしいのは、社員との比較です。社員に比べて経営者の報酬が著しく高くなっている場合は、会社の業績が公平に反映されていないということで、税務署から物言いがつくおそれがあります。が、これについても明確な基準があるわけではありません。

役員報酬にはこれといった適正値がないので、税務署側が自分たちでよほど客観的なデータでも示さない限り、役員報酬が高すぎるとして否認するのは難しいのです。

13 届けを出せば経営者にもボーナスを出せる

経営者にボーナスを出すと、原則として法人税がかかります。しかし、一定の手順を踏めば法人税がかからずにボーナスを出せます。

届出を出していればボーナスが経費になる

法人税法では、原則として、役員にボーナスを出すと会社の利益に加算され、法人税の対象になります。しかし、**一定の手順を踏めば、法人税がかからずに役員にもボーナスを出せます**。

「事前確定届出給与」という手続きで、事前に、支給時期や支払い金額を記入した届出書を税務署に提出していれば、役員にボーナスを出しても経費と認められます。「事前に決められた額を、決められた時期に払うのであれば、ボーナスの支給を認めましょう」ということです。

事前確定届出給与の届出書では、ボーナスを払う理由も書かなければいけませんが、理由が妥当でなければ受理されない、というようなことはありません。「社員の賞与を払う時期に、経営者の賞与も払ったほうが経理上、都合がいい」「その時期に賞与を払ったほうが資金繰りが楽である」などの理由を書いておけば十分です。

事前確定届出給与の届出書は、定時株主総会で決定してから１カ月を経過した日（もしくは事業年度開始から４カ月以内の日のどちらか早い日）までに、税務署に支給時期と支払い金額を届けることになっています。そのため、「今年は儲かったからボーナスを出そう」と、期末の利益処分として使える方法ではありません。

しかし、「事前に決めなければならない」といっても、事業年度開始から４カ月もの時間があります。事業年度が始まって４カ月といえば、すでに$\frac{1}{3}$が経過しています。今年は儲かりそうか、景気はどうか、ある程度はわかるはずです。**事業年度が開始して、定時株主総会までの間（もしく**

は事業年度開始から４カ月以内）に今年は儲かりそうだなという手応えがあれば、それに合わせてボーナスの支給額を決めればいいのです。この場合も、少なめよりは多めにしておくほうがいいでしょう。

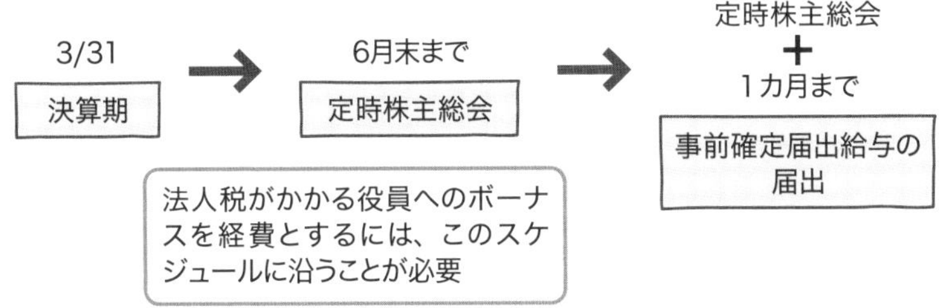

ボーナスの減額や停止もできる

もし思ったほど業績が伸びず、決められた額のボーナスが払えなくなった場合は、変更届を出して減額することもできます。**変更届を出さずに減額すれば、全額が損金不算入になりますので注意してください。**

減額の変更届を出す場合には若干の条件があります。

事前確定届出給与の減額の条件

- 業績が悪化し、株主などに対して申し訳がたたずボーナスの減額をせざるを得ない場合
- 銀行などの借入に際してボーナスの減額をせざるを得ない場合
- 業績の悪化で取引先などに迷惑をかけるおそれがあり、ボーナスの減額をせざるを得ない場合

総じていえば、資金繰りが悪化してボーナスが払えないときにまで払う必要はないということです。ですから、期首にはそう心配しないで思いきってボーナスの支給を決めていいのです。

原則として、役員が、あらかじめ決まった報酬以外のボーナスを受け取ると、それは会社の利益に加算され法人税が課せられます。しかし一定の条件をクリアすれば、ボーナスを会社の経費として処理できます。

役員報酬は高すぎても損！

役員報酬を受け取る役員個人には所得税、住民税、社会保険料などがかかってきます。それを考え合わせた上で役員報酬を決めるべきです。

儲けたお金をどこに出すか？

116ページで、社長の報酬は高めに設定するべきと述べましたが、**社長の報酬を設定する際には、法人税、法人事業税などの会社の税金だけでなく、社長自身の税金や社会保険料も勘案しなければいけません。**

もちろん、社長の報酬にはしっかり税金がかかります。所得が1,800万円を超えれば、所得税、住民税合わせて50％以上の税金が課せられます。報酬から差し引ける給与所得控除の上限は195万円です。同じく報酬から差し引けるそのほかの控除を入れても、役員報酬がだいたい2,400～2,500万円を超えれば税率は50％となります。

社会保険料もかかります。これは会社負担分、従業員負担分の両者を合わせて約30％になりますが、オーナー社長だったら、会社負担分＝自分の負担ですから、実質的には約30％を払っているのと同じです。社会保険料は掛金の上限があるので、必ずしも30％になるわけではありませんが、年収1,000万円くらいのオーナー社長は30％前後を払わなければならなくなります。

121ページの図は、年収1,200万円（月報酬100万円）の人の税金、社会保険料を概算したものです。

社会保険料の会社負担分も合わせると、約479万円もの税金、社会保険料負担になっています。収入の約40％です。もちろん報酬の多寡によってこの率は変わってきますが、**報酬が1,000万円以上のオーナー社長は、おおむね40％以上の税金、社会保険料負担になる**と考えてもらっていいでしょう。

年収1,200万円の人の
所得税、住民税、社会保険料の概算

年収	1,200万円
給与所得控除	−195万円
所得控除	−200万円
課税所得	805万円

所得税	805万円×23%−63万6000円＝	121万5500円
住民税	805万円×10%＝	80万5000円
厚生年金(自己・会社負担合計)		142万7400円
健康保険料(自己・会社負担合計)		134万6520円
合　計		479万4420円

※所得控除は複数あるので、便宜上200万円に設定しています。健康保険料は、東京都の介護保険第2号被保険者（40歳以上 65歳未満）で計算しています。

一方で、法人税は引き下げが続きました。

法人の現在の実効税率は33.58%です（資本金１億円以下の会社の場合）。実効税率というのは、法人税、事業税など、法人の利益に対してかかる税金をすべて足したときの税率です。

そして、23ページで見たとおり、**中小企業は、800万円以下の利益にかかる税率が軽減されますので、実効税率は30%を切ります**。社長が報酬を受け取ると、約40%が税金、社会保険料で持っていかれるわけですから、会社の利益を役員報酬として出さずに会社内に残しておくことも選択肢になります。

つぶやき

会社内にお金を残す場合、内部留保金への課税制度がありますが、これは資本金1億円超の会社だけに適用されるものです。中小企業であれば関係ありません。

平成10年には法人税の基本税率は37.5%でしたが、この四半世紀の間に段階的に引き下げられ、現在は23.2%になっています。実に14%ものダウンです。

15 多額のボーナスで社会保険料を安くする

社会保険料には上限額があります。一定以上の額のボーナスを出せば社会保険料を節約できます。

社長にボーナスを払うとかえって高くつく？

事前確定届出給与なら役員にもボーナスが出せて、会社の利益調整弁にできることを紹介しましたが、この方法は、最近はちょっと難が出てきました。

昨今、所得税は増税傾向にありますし、社会保険料はボーナスにもかかってきます。ボーナスにかかる社会保険料は、会社負担分、従業員負担分を合わせて約30%ですからバカになりません。

もしオーナー社長が自分にボーナス100万円を支給した場合、所得税、住民税、社会保険料の負担は合計で50%を超えてしまいます。

では、この100万円を会社の利益として残しておいたらどうでしょう。

現在の法人税は、事業税や住民税も合わせた実効税率は30%程度ですので、税金は約30%で済みます。つまり、現在の税制や社会保険制度のもとでは、**ボーナスについても、社長が受け取るより会社に残しておいたほうがトクになるケースが多い**のです。

厚生年金だけ節約してもあまり意味がない

ただし、ボーナスに関して社会保険料を節減する方法があります。

というのは、社会保険料には上限があるので、上限を超えるボーナスを受け取っていれば、その分は社会保険料の節減になるのです。

厚生年金は一度のボーナス支給につき最高限度額が150万円、健康保険は年間のボーナス支給額の最高限度額が573万円と定められています。

この金額に対する保険料が最高値です。もしこれ以上のボーナスを受け厚生年金では、払った額に応じて将来もらえる年金額が増減します。しかし健康保険は、いくら払っても享受できる医療サービスが変わることはありません。

取ったとしても、保険料は最高値を超えて上がりません。ですから、年間のボーナスが573万円を超えるのであれば、社会保険料の節減となります。

ただし、注意してもらいたいのは、１回のボーナス支給額が150万円を超えると、厚生年金の節減にはなりますが、健康保険の節減にはならないことです。

厚生年金の保険料が少なくなるということは、自分の将来の年金額が減るということでもあります。むしろ、**節減しなくてはならないのは健康保険のほう**です。健康保険は、いくら払おうと享受できるサービス内容は同じです。ですから、健康保険は節減すればするだけトクになるのです。

つまり、**１回のボーナス支給額が150万円を超えても、年間のボーナス支給額が573万円を超えないと、社会保険料節約の意味がありません**。逆にいえば、年間支給額573万円を超えれば社会保険料の節減になるということです。

しかし、それだけ高いボーナスを受け取っていれば、所得税の税率が上がるかもしれません。そうなると、全体としては「会社に利益を残しておいたほうがトク」となるケースも多くなるでしょう。社長個人の所得税の税率も含めて、総合的な計算をしなければならないということです。

毎月の報酬は低く抑えておいて、ボーナスでドカンと出すという手もあります。役員報酬が年間1,000万円とするなら、毎月の報酬は20万円（年額240万円）にしておいて、ボーナスで760万円。こうすれば社会保険料はかなり抑えることができます。

16 社長個人の所得税、住民税を安くするアイテム

会社の税金ではなく、社長や役員個人の所得税、住民税を安くするアイテムとして「小規模企業共済」があります。

社長や役員が自由に加入できる

社長の報酬は高めに設定すべしと述べましたが、社長の報酬を高くして会社の法人税を下げたとしても、社長個人の所得税、住民税が高くなっては元も子もありません。

家族経営の中小企業であれば、会社の税金を減らし、社長とその家族を含む個人の税金も減らさないと意味がありません。

ここでは、中小企業の社長をはじめとする個人の所得税、住民税を安くするアイテムを紹介したいと思います。

それは、**「小規模企業共済」**です。小規模企業共済は、54ページで紹介した経営セーフティ共済と似たようなものです。

小規模企業共済というのは、会社の経営者や個人事業者が毎月いくらかの金額を積み立てておいて、事業をやめたり、会社を退職したときに、通常の預金よりも有利な利率で共済金を受け取ることができるものです。

主に自営業者を対象としたものですが、**中小企業の経営者や役員も加入できます。この小規模企業共済の最大のメリットは、掛金の全額を個人の所得から控除できること**です。掛金は、月に1,000円～7万円までかけられます。つまり、この共済に入っていると、課税される所得から1年で最大84万円（7万円×12カ月）を差し引くことができるので、経営者や役員の所得税が安くなります。また、共済金を受け取った場合は、税制上、退職金か公的年金と同じ扱いとなり、ここでも優遇されます。

社長だけではなく、役員もみな小規模企業共済に加入すれば、それぞれの所得税が安くなります。加入は会社単位ではなく、個人の意思によりま

すので、所得税を安くしたい社長や役員はぜひ検討してみてください。

掛金 ← 1年間で最大84万円、課税所得を減らせる

共済金

退職所得扱い
↓
給与所得に比べて税金がかなり割安な額に。社会保険料もかからない

or

公的年金の雑所得扱い
↓
給与所得と比べると税金は半分程度の額になる

小規模企業共済の難点は、銀行への預金と違って自由に引き出すことができないことです。原則として、その事業をやめたときか、会社を退職したときにしか共済金を受け取ることができません。事業を廃止しなくても解約することはできますが、解約した場合には給付される額が若干少なくなります。

小規模企業共済

加入資格

☑中小企業の役員
- →建設業、製造業、運輸業、不動産業、農業などを営む場合は、常時使用する従業員の数が20人以下の法人の役員
- →商業(卸売業・小売業)、サービス業を営む場合は、常時使用する従業員の数が5人以下の法人の役員
- →常時使用する従業員の数が5人以下の弁護士法人、税理士法人などの士業法人の社員

掛金

☑月1,000円から7万円までの範囲内で、500円単位で選択できる
☑増額・減額ができる(減額には一定の要件が必要)
☑掛金は、全額が所得税の所得控除の対象になる

つぶやき

事業をやめたときや会社を退職したときに共済金を受け取ることが原則ですが、いざというときには掛金の7割程度は低利融資で引き出すことができます。

退職金は、勤務年数に応じて、所得税、住民税が非常に安くなる仕組みになっています。公的年金も、所得税、住民税の免税点が高く設定されています。

従業員の給料アップで、法人税を減税！

従業員の給料を上げた中小企業の税金を割り引く。そんな特例制度があります。

法人税が差し引かれる特典

青色申告をしている中小企業が、従業員の賃金を一定以上アップした場合、減税の特典が受けられる制度があります。令和６年３月31日までの時限的な措置で、**「賃上げ促進税制」**と呼ばれます。ここでいう中小企業とは、資本金１億円以下の企業のことです。

具体的には、**給与などの支給総額を1.5%以上増加させた場合に、その増えた給料総額の15%を法人税からマイナスできます**。マイナスできるのは、その会社の法人税額の20%が限度となっています。

この条件に加えて、次の**「法人税を25～40%控除できる要件」をクリアした場合は、給料増加額の25～40%を法人税からマイナスできます**。適用を検討される方は税務署にお尋ねください。

法人税を25～40%控除できる要件

❶平均給与等支給額から比較平均給与等支給額を差し引いた金額の比較平均給与等支給額に対する割合が2.5%以上であること
❷教育訓練費の対前期の増加割合が10%以上であること

❶の条件を満たした場合 → 法人税30%控除
❷の条件を満たした場合 → 法人税25%控除
❶と❷の両方の条件を満たした場合 → 法人税40%控除

簡単な例で計算してみましょう。たとえば、ある会社が前年よりも人件費を200万円増額させたとします。人件費の増加率は3.3%として、この会社の法人税は80万円とします。

この会社は、人件費増加分200万円の15%、つまり30万円を法人税から差し引くことができます。しかし、控除の限度額は法人税額の20%です。この会社の法人税の20%は16万円ですから、16万円が控除額となります。賃上げ促進税制を利用することで、16万円だけ法人税が安くなるというわけです。

中小企業の賃上げ促進税制の計算例

前年よりも人件費を200万円（増加率3.3%）増額させた会社の場合

200万円 × 15% ＝ 30万円

これが**控除対象額**

しかし、この会社は法人税額が80万円なので、

80万円 × 20% ＝ 16万円

これが**限度額**

控除対象額**30万円** ＞ 控除限度額**16万円**

これが**実際の控除額**になる

この制度は、経営者の家族従業員には適用できません。使えるのは経営者の家族以外の従業員がいる会社に限定されます。

法人税25~40%控除の要件は、比較平均給与等支給額などの計算が少し複雑になっています。適用を検討する場合は、税務署に詳しい状況を説明し、条件をクリアできるかどうか確認したほうがいいでしょう。

18 賃上げ促進税制の大企業版

先ほど紹介した賃上げ促進税制には、大企業向けのものもあります。しかし、大企業のほうが若干条件が厳しくなっています。

大企業が満たさなければいけない条件

「賃上げ促進税制」は、資本金１億円超の大企業でも適用できます。ただし、大企業の場合は次の条件を満たさなければなりません。

❶ 給与等の支給総額を３％以上増加させること

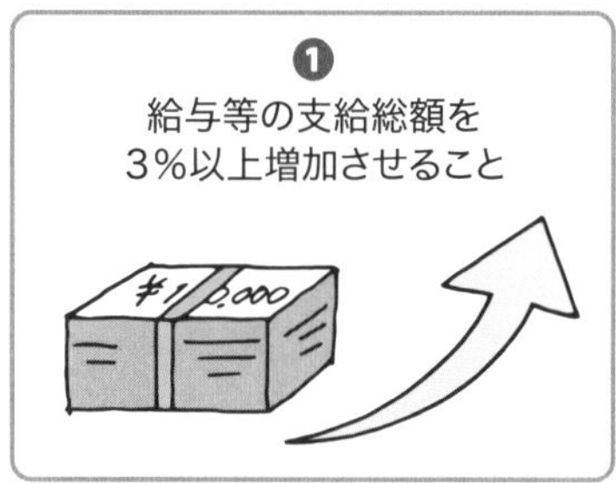

❷ 青色申告をしていること

中小企業の賃上げ促進税制に比べると、**給与などの増加額のハードルが高くなっています**。

増えた給料総額の15％を法人税からマイナスできる点、青色申告をしている会社に限られている点、令和６年３月31日までの時限的な措置という点は中小企業と同じです。

大企業の賃上げ促進税制

適用条件

●青色申告をしていること

●給与等の支給額が３％以上増加していること

減税内容

●給料等の増加額の15%を法人税から差し引ける

→ 限度額は法人税額の20%

以前は、大企業の賃上げ促進税制は設備投資とセットになっていました。大企業は、賃上げと設備投資の両方を行わなければ法人税の税額控除が受けられなかったのです。

しかし、それではなかなか賃上げに結びつかないということで、**現在は設備投資が切り離され、賃上げをすれば税額控除ができるようになっています。**

また、次の２つの条件をクリアすることで税額控除の上乗せが認められます。

大企業の賃上げ促進税制の上乗せ

条件１

●継続して雇用している従業員の給料が４%以上アップしている

→ 税額控除率を10%上乗せ

条件２

●教育訓練費の額が前事業年度より20%以上アップしている

→ 税額控除率を５%上乗せ

日本企業は業績がよくても、なかなか賃金を上げません。先進国はどこも、コロナ禍になる前の10年ほどで10%以上賃金がアップしていたのに、日本だけはほぼ横ばいでした。デフレの最大の要因なわけですから、さらに賃上げを促進するような税制にしてほしいものです。

従業員（役員を含む）が会社の仕事をするにあたって、技術や知識を向上させるための費用です。仕事に直結するものだけでなく、語学やパソコン技能など間接的に関係する費用も含まれます。

Part3のフリカエリ

家族を従業員に迎えて所得を分散することは基本。家族に勤務実態があり、給料が高すぎなければ税務署からおとがめはない。

社長の配偶者の従業員は、みなし役員とみなされることがある。みなし役員になると、報酬はあらかじめ決められてボーナス支給などができない。

戦略的に節税したいのなら、ボーナス支給時期は、「夏・冬」ではなく、「決算期と、その半年後」。

退職金は潜在的な債務だが、積み立てても損金にできない。中小企業退職金共済に加入すれば、損金にしながら積み立てられる。

退職金を使えば利益を一気に圧縮できる。「退職させずに退職金を払う」「昇格時に退職金を払う」「非常勤役員に退職金を払う」など、使える技は多い。

社長の報酬は期の途中で増額できないため、高めに設定しておくことが基本になる。ただし、「会社は減税、個人は増税」傾向が続いている。

小規模企業共済なら、月7万円まで個人の所得から差し引きながら掛金をかけられる。受け取るときも、退職金か公的年金と同じ扱いで、大きな優遇が待っている。

Part 4

「福利厚生費」は会社の節税の切り札

会社と個人事業者の大きな違いの１つが
「福利厚生費」。
会社に認められる福利厚生費は、とにかくパワフル！
従業員が家族だけの家族企業でも、
社長1人だけの会社でもOK。
使い方さえわかれば、その効果をたっぷり味わえます！

01 中小企業こそ福利厚生費を使おう!

会社の節税策でバツグンに効果的なのが福利厚生費。福利厚生費をうまく使えば、会社の税金は自由自在になります。

経営者にも福利厚生費が使える

会社の税務では、**「福利厚生費」**という費用が認められています。福利厚生費というのは、文字どおり、会社の従業員の福利厚生などにかける費用です。そして、この「従業員」の中には経営者も含まれます。**従業員が社長1人しかいない小さな会社であっても、福利厚生費を使うことができます**。

日本の中小企業のほとんどは、社長が株主を兼ねているオーナー会社です。そして、家族が役員や従業員として働いています。こういった会社にとっては、福利厚生を充実させるということは、すなわち会社のお金を使って家族の生活を充実させるのと同意語になります。

Part 1で触れたように、現在のところ、個人事業者は、自分自身とその家族に対する福利厚生費を大々的に使えませんので、**この節税策は会社だけの特権**といえます。

福利厚生というと、健康診断や慰安旅行くらいしか思い浮かばない方もいるかもしれません。しかし、**福利厚生費は、税法上かなり広範囲に認められています。**

一定の条件のもと、コンサートのチケット、スポーツジムの会費などのレジャー費、アパート、マンションなどの住宅費の補助などもOK。夜食代や昼食の補助にも適用されます。**社員の「衣食住」の大半は、福利厚生で賄えるといっても過言ではありません。**もちろん、経営者だけの会社や、経営者と家族だけで運営している会社にも適用されます。経営者やその家族は、会社の福利厚生費を使って、衣食住の経費を賄うことができます。

また、福利厚生費は、役員報酬のように1年間にどれだけ、という制約がありません。会社が儲かったときには、たくさん福利厚生費を使い、儲からないときには減らすという利益調整弁となります。

非常に使い勝手のいい福利厚生費ですが、中小企業は、あまり福利厚生費を有効に使っていません。中小企業の経営者の中には、「福利厚生というのは、お金に余裕がある大企業がやるもの」と思い込んでいる人もいるようです。

ですが、**福利厚生費は、むしろ中小企業こそ使うべき**なのです。大企業であれば、経営者と従業員との間で労働待遇について細かな取り決めがなされています。福利厚生についても、きっちり決まっています。「今年は儲かったから福利厚生費をたくさん使おう」とか、「今年は景気がいまひとつだから福利厚生費を絞ろう」というようなことはできません。

しかし、中小企業なら事情が違います。経営者の判断によって動かせる範囲が広いのです。

家族企業の経営者は、福利厚生を行うと「税務署から公私混同と見られるんじゃないか」と心配していることがあります。しかし、福利厚生には、いくつかの条件があります。その条件さえ満たしていれば心配はいりません。

「個人事業者が自分自身と家族に対して福利厚生費を使えない」ことを明確に定めた法律はなく、一部業界では認められていたりもしますが、基本的に、税務署は「使えない」という方針を取っているようです。

02 給料を上げるより福利厚生を充実させたほうがトク

役員報酬や給料を上げるより、その分を福利厚生費として払ったほうが、会社も従業員もトクをする！

家族企業では税負担が極限まで安くなる

会社の経費を増やす方法として、役員報酬や給料を上げることをPart 3で説明しました。確かに役員報酬や給料を上げれば、会社の経費は増えます。しかし、それを受け取った役員や従業員には所得税、住民税がしっかりかかってきます。また、役員報酬や給料には社会保険料もかかります。社会保険料は、会社と当人が折半することになっています。

これらを合わせると、平均的なサラリーマンで、だいたい給料の３割から４割が差し引かれることになります。

しかし、**給料を上げずに、その代わりに福利厚生を充実させるとしたらどうでしょう**。衣食住などにかかる経費を会社が持ってあげて、給料を払うのと同様の恩恵を授ければ、従業員は、これまで払っていた所得税、住民税、社会保険料を払わずに済みます。

通常、会社が、役員や従業員に経済的恩恵を与えた場合、それは給料に加算されることになっています。会社から経済的恩恵を受けた役員、従業員は、給料を増額されたのと同じように税金が加算されます。

しかし、**一定の要件を満たした「経済的恩恵」であれば給料とはみなされません**。つまり、会社から経済的恩恵を受けても、役員、従業員の税金が加算されないということです。それが、税法上の「福利厚生費」です。

社長が１人でやっている会社や家族経営の会社は、福利厚生費をうまく使うことで、極限まで税金を安くすることができます。衣食住にかかわる費用の大半を会社の福利厚生費で支出できます。スポーツ観戦やテーマパークなどのレジャー関連費用も出すことができます。

これによって会社の経費を大きく膨らませることができます。家族経営規模の会社なら、利益をほとんど消してしまうことも、それほど難しくないでしょう。

しかも、役員や従業員の生活費は非常に安く済みます。そのため、**給料を安く抑えられます。そして、家族に給料を分散することで、1人あたりの給料額がさらに安くなります**。各人の所得税、住民税、社会保険料の負担額も小さくなります。

一定の要件を満たした経済的恩恵

福利厚生費をうまく使っている中小企業は世の中にたくさんあります。筆者が税務調査をした会社に、こういうところがありました。

家族だけでやっている小さな水道工事業者で、社長の報酬は400万円程度。会社は税金をほとんど払っておらず、社長の報酬も少ないので、社長個人も所得税、住民税があまりかかっていません。一方で、会社で福利厚生費を目いっぱい使っており、家はなかなか立派で、家財もかなりいいものを使っていました。生活レベルでいえば、「お金持ち」のそれです。調査官としては釈然としませんでしたが、税法にのっとっている以上、何もいうことはできませんでした。

給料を上げるより福利厚生を充実させるのは、外資系企業やIT企業などでも採用されているシステムです。彼らは、同じ人件費がかかるのであれば、なるべく費用対効果が高い払い方を追求しているわけです。

会社負担分を合わせると社会保険料だけで約3割が引かれており、所得税、住民税は、所得の低い人でも、だいたい10%くらいは引かれています。

03 会社が住宅費を出してがっつり節税！

社長や従業員の住宅費を福利厚生費から出すことができます。福利厚生費の中で、もっとも効果が大きいのはこの住宅費です。

「税金のかからない給料」の仕組み

福利厚生費では、一定の条件をクリアしていれば、役員や従業員の**住宅費**を会社が出すことができます。その条件とは、簡単にいえば、役員や従業員が住んでいる家（部屋）を会社の借り上げにして、社宅として役員や従業員に貸す、というものです。当然、会社が家賃の大部分を負担します。

「住宅の借り上げ」は、税法上、福利厚生費として認められています。条件を満たしていれば、会社が役員、従業員に住宅を提供しても、それは給料とはみなされません。その条件とは、137ページの図のように細かく定められていますが、ざっくりいえば、**役員、従業員は家賃のおおむね15%を会社に払っていること**です。

こうすれば、**会社は福利厚生費として損金（経費）計上できる上に、経済的恩恵を受けた役員、従業員にも税金が加算されません。**

これは役員、従業員にとってもたいへんトクな制度です。たとえば、ある会社の役員が家賃20万円のマンションに住んでいるとします。このマンションを会社が借り上げて、社宅として役員に貸し与えているとします。

役員が、20万円×15%＝３万円程度を払っていれば、会社が払っている家賃は役員報酬とみなされません。つまり、会社が肩代わりしている月の家賃17万円は、**「税金のかからない給料」**なのです。年間にすれば204万円にもなります。もしこの204万円を給料として受け取れば、税金、社会保険料を合わせて４割程度、つまり約80万円も差し引かれてしまうのです。

会社にいくら払えばいい？

役員や従業員が会社に払う一定の金額は、次のように定められています。

借り上げ住宅で会社に払う金額（賃貸物件の場合）

	従業員	役員
小規模住宅の場合（木造132㎡以下、木造以外99㎡以下）	❶その年度の建物の固定資産税の課税標準額×0.2% ❷12円×その建物の総床面積の坪数 ❸その年度の敷地の固定資産税の課税標準額×0.22% **❶・❷・❸合計額の50%以上**	従業員の場合と同じ
一般住宅の場合（小規模住宅以外の場合）	小規模住宅の場合と同じ	**会社が家主に支払う家賃の50%以上の金額**

小規模住宅の場合、❶・❷・❸の３つの計算式で算出された額を足した金額の「半分以上」を役員、社員が払っていればOKです。それが、だいたい市場家賃の15%になります。

小規模住宅以外の場合は、役員の負担額がかなり跳ね上がります。（共用部分を含めて）「木造132㎡以上」「木造以外99㎡以上」だと該当しますので注意してください。また、床面積が240㎡を超え、プールなどの贅沢施設がある「豪華住宅」の場合は、役員は家賃を全額支払わなければなりません。

この住宅借り上げ制度は、社長１人の会社や家族だけでやっている会社にも適用されます。

この方法の一番のポイントは、単なる「家賃の補助」ではダメということ。あくまで会社が直接借り上げて、そこに社員が住む、という形をとらなければいけません。

社長１人でやっていたり、家族だけでやっている会社であっても、従業員（役員を含む）はあくまで会社から雇われているという建前になっており、社員としての権利を有します。

04 昼食代、夜食代も経費で落とせる

会社が従業員の食事代を出した場合、一定の条件のもと福利厚生費として経費計上が認められます。これをうまく使えば大きな節税になります。

会社で夕食をとるとおトク

福利厚生費では、役員や従業員の一定の食事代を支出することも認められています。会社の福利厚生費で計上できる食事代には、まず**夜食代**があります。夜食は、残業した人が夕方以降にとる食事です。**この夜食代を会社が負担した場合、福利厚生費として支出できます。**

たとえば、月の半分以上残業して、毎回1,000円程度の出前をとっていたとします。これを会社持ちにすれば、それだけで１人あたり月１万5000円程度、年間では18万円にもなります。

会社は経費に18万円を計上して、従業員は税金のかからない給料を18万円もらうのと同じになります。会社と従業員双方の合計節税額は８～９万円程度になります。

これは社員数によって制限を受けるものではないので、**社長１人でやっている会社や、家族や夫婦でやっている会社でも適用できます。**

たとえば、夫婦でやっている会社で、夫婦そろって毎日夜遅くまで働いているところはたくさんあるでしょう。奥さんが近所のスーパーで惣菜を買ってきて夜食を作ったとき、この夜食代は会社から経費で出せます。いつも残業しているような会社では､「夕食代は福利厚生費で出す」ことができるのです。

ただし、この夜食は、あくまで会社が支給したという形をとらなくてはいけません。夜食は、会社が自前で作るか、会社が仕出しや出前をとったものを社員に提供するようにしなければならないのです。また、夜間勤務の場合は、出前などをとらなくても、１回300円までの食事代の現金での支給は福利厚生費で処理できます。

お昼代なら月3,500円まで

夜食に限らず、**昼食代でも、一定の条件を満たせば、従業員は昼食の提供を受けても税金が加算されることはありません**。一定の条件とは次のとおりです。

従業員の昼食代を福利厚生費で出す条件

❶従業員が一食あたり半額以上支払うこと

❷月3,500円以内であること

❸会社が用意するか、会社を通じて仕出しや出前をとること

毎月3,500円までは会社が昼食代として支出できるので、年間にすると４万2000円になります。

夜食と同様に、従業員が単に3,500円を現金として受け取れば、従業員に税金が加算されます。非課税となるのは、会社を通じて仕出しや出前などをとって、それが提供された場合のみです。

たとえば、ある従業員が会社で月に14回昼食をとっているとします。従業員は会社を通じて出前を頼みます。会社は１回あたり250円を出してあげれば、ちょうど月3,500円になります。この福利厚生費250円に加えて従業員が500円を負担すれば、750円のどんぶりものが食べられて、「半額以上支払う」条件もクリアできます。

家族でやっている会社が昼食を作って家族従業員に支給するときは、材料費のうち月3,500円までを会社から出して、従業員から昼食費として3,500円以上を徴収すればOKです。

夜食代として300円を現金支給するということです。この300円は、もらった本人がどう使おうと自由ですが、建前の上では夜食代として使います。

05 「会議費」も使い勝手がいい

会社には「会議費」という支出が認められています。会議費は、食事代のほか少量なら酒代も認められます。

会議費なら全額会社持ちでOK

昼食代を会社が肩代わりする方法は、もう１つあります。それは、福利厚生費ではなく**「会議費」**として支出する方法です。

会議をするときにかかる会議費は、会社の経費として支出できます。先ほどの昼食代のように従業員が半分以上負担する必要はなく、**会社が全額持つことができます**。当然、給料などの扱いをされて課税されることはありません。

ランチをとりながら打ち合わせする洒落た会社もあるでしょうし、上司と部下で食事をとるような場合は、おおかた仕事の話になるはずです。そういうときに一歩進めて「会議」ということにすれば、会議費として支出することができます。この場合は、出前や仕出しに限りません。**会議ですから、ホテルのラウンジやレストランなどでも行えます**。自由度が高いので、使い勝手がいいはずです。

お酒も認められる

会議費はランチに限らず、朝食、夕食でも支出可能です。朝でも昼でも夜でも会議をしながら食事をしていれば、その費用は会議費として落とすことができます。

食事だけでなく、若干のアルコールをつけることもできます。明確な基準はないものの、目安としては、だいたい１人あたり3,000円とされています。夜の飲食代として会議費を使うこともできるわけです。

会社では、重要プロジェクトが始まるときや終わったときなどに、セクションで飲みにいくことも多いでしょう。そんなときは、この会議費を使うといいでしょう。１人頭3,000円程度なので食事会くらいにしかなりませんが、使わない手はありません。ケータリングや出前なら、3,000円でも十分に豪勢な会ができるはずです。

会議費は、家族だけでやっている小さな会社でも使用できます。従業員同士でランチをとりながら会議をすればOKで、それは従業員がすべて家族であっても変わりません。ただし、会議は１人でするものではないので、社長１人でやっている会社では、ちょっと使いにくいでしょう。

会議費として支出する場合には、あくまで会議という体裁をとらなければいけません。とはいうものの、形式ばった「会議」をしないといけないわけではなく、仕事の報告会をするといった名目で、参加者に簡単な内容報告のメールを出して、それを議事録としても大丈夫でしょう。要は、**「仕事の話をすること」「それが証明できる記録をとっておくこと」**です。「会議」をそれほど堅苦しく考える必要はありません。食事のついでに仕事の話をする、でいいのです。そうすれば会社が食事代を肩代わりできます。

仕事の話を記録に残しておけば、会社持ちの「会議費」でOK！

「定期的にランチ会議をする権利」を従業員に与えておくなどしておくのもいいかもしれません。従業員1人では会議費で落とせませんので、もちろん従業員2人以上での参加となります。

明確な基準は定められておらず、必然性があれば、これより高い金額でも大丈夫です。重要な会議を一流ホテルの一室を借りきって行うような場合なら、1人あたり数万円になることだってあるでしょう。

06 会社のお金で家を買う大ワザ

会社から住宅費を出すだけでなく、会社が家を買うことも可能です。会社にも従業員にも大きな節税になります。

家を会社のお金で買って、会社の経費にする

136ページでは、住宅を会社の借り上げにするという福利厚生を紹介しました。

実は、住宅に関してもっと大がかりなやり方があります。それは、**「会社が家を買ってあげる」**ことです。

家が経費になるのなら、会社は相当な額の節税ができます。かなり大ワザといえるでしょう。

会社が、役員や従業員に家を買ってあげる方法は簡単です。先ほどは、役員や従業員が住む賃貸住宅を会社が借り上げるというものでしたが、今度は、**会社が家を買い、それを社宅として役員や従業員に提供します。**

かつては社宅を持っている会社がたくさんありました。この方法は、基本的に「社宅を所有する」ことと同じです。社長１人の会社でも、家族経営の会社でも問題なく使えます。

社長１人の会社なら、「自分の家を会社の金で買う」という状態になります。**家族経営の会社の場合も、「自分たちの家を会社の金で買う」**ことになります。

退職金代わりに家をもらうこともできる

会社だけでなく、その家に住む役員や従業員にとっても節税になります。

たとえば、会社が5,000万円（土地代3,000万円、建物代2,000万円）の家を買ったとします。役員や従業員は5,000万円を給料としてもらえば、税金と社会保険料でだいたい約40%が差し引かれますから、社宅として

会社が購入した場合、5,000万円×40％で、約2,000万円の節税になります。

会社が買った家は会社のもので、個人名義のものではありません。しかしオーナー社長なら、会社のものは自分のものですから、自分が持っているのと同じことです。

社長が退職するときや会社をたたむときには、退職金代わりに会社から家をもらうこともできます。事実上、「会社に自分の家を買ってもらう」のと同じことになります。

会社が家を買って従業員に提供する仕組み

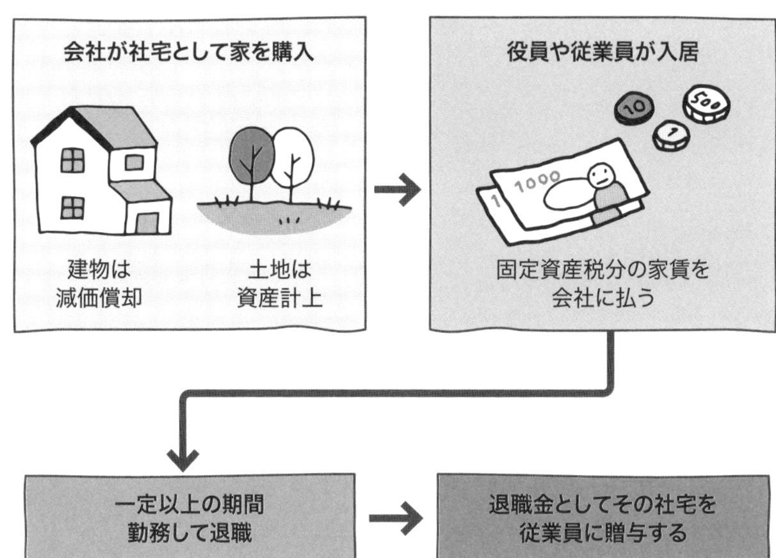

ただし、この家に住む場合、固定資産税分の家賃は会社に払わなければいけません（137ページを参照）。また、家の購入費は一括で経費にできるわけではありません。建物部分は固定資産に計上し、毎年減価償却して経費化します。土地部分は資産として計上します。

会社から従業員に社宅を贈与するということになりますが、長年の勤務に対する報酬という意味合いがあれば、税務上は給与（退職金）という扱いになります。

07

楽しむためのお金も会社の経費にする

レジャー費用やジムの会費も福利厚生費から出すことができます。レジャー費用は、社会通念上認められたものであればOKです。

「世間一般で認められる範囲」が基本

観劇やスポーツ観戦などの**レジャー費用**も、会社の福利厚生費で出すことができます。テーマパークの入場料なども大丈夫です。従業員本人の分だけでなく、従業員の家族の分も含められます。これをうまく使えば、衣食住だけでなく、さらに広く生活費を会社のお金で賄うことができるでしょう。

レジャー費は、どこからどこまでなら福利厚生費として認められる、という明確な基準はありません。税法では、**「世間一般で福利厚生として認められる範囲」**となっています。明確な線引きがないと使いにくい面もありますが、それがない以上、**よほど趣旨からはずれたもの以外は認められる**ともいえます。

大企業、官庁で取り入れられている福利厚生ならば、まず大丈夫です。スポーツ観戦、観劇なども、その範囲です。プロ野球のチケットを福利厚生で配布する大企業は多いですからね。また、役所の福利厚生には観劇などもあるので、コンサートも大丈夫でしょう。

希望すれば誰でも参加できるようにしておく

気をつけなくてはいけないのが、「一部の社員のみが対象になっている福利厚生ではダメ」ということです。

これは、**全員に同じレジャーを提供するということではなく、「希望すれば誰でも享受できるように」なっていればOK**ということです。社長1人しかいない会社では社長1人で楽しむことになりますし、家族でやっている会社なら家族総出で遊びにいくことになりますが、ほかに従業員がいる場合は、彼らも含めて、みなに同等の福利厚生を提供できるようにしておかなければいけません。

また、あまりに利用回数がかさむのはマズいでしょう。福利厚生費は、世間一般の常識の範囲内ですから、毎週コンサートに出かけたりするのは、ちょっと常識からはずれます。年に数回くらいが妥当でしょう。

社内の全員が等しく福利厚生を
受けられるようになっていることが必要

一番いいのは、就業規則にきちんと定めておくことです。「従業員には年に○回、福利厚生として観劇費用を支給する」というふうに書き入れておくのです。

特に、**社長1人でやっている会社や家族経営の会社は、個人的な支出と会社の経費との区別に関して税務署から厳しくチェックされますので、そのあたりは厳密にしておくに越したことはありません。**

「あとから会社が払う」はダメ

観劇などのチケット類は、会社が手配し、それを役員や従業員に配布するという形をとらなくてはいけません。役員や従業員が自分で購入し、その代金をあとから会社が支給する形になっていたり、会社がお金だけを出すというのはNGです。もしそういう形であれば、役員や従業員に対する報酬（給料）という扱いになります。**「会社が購入→社員に配布」という**

形はぜったいに崩してはならないのです。

社長１人の会社では、結局、自分で買って自分でもらうことになるでしょうが、「会社が支給する」形は守らなくてはいけません。領収書も、個人宛てではなく、会社宛てでもらっておくようにします。

スポーツジムは福利厚生の王道

スポーツジムなどの**会費**も福利厚生費で落とすことができます。

健康志向の高まりで、仕事が終わってからスポーツジムに通うビジネスマンは多いでしょう。スポーツジムに行くことは趣味的な要素もありますが、成人病の予防などにもなるので、まさに福利厚生の王道といえるでしょう。

スポーツジムの会費は、月１万円くらいはするので、これを会社の経費で落とせれば、従業員にとってありがたいはずです。実際、スポーツジムの会費を福利厚生で出している会社はいくらでもありますし、官庁でもスポーツジムの法人会員になっているケースがありますので、もう、これは堂々と使えるものだといえます。

ただし、**月々の会費は福利厚生費として損金処理することができますが、入会金は資産として計上しなければいけません。**入会金に有効期間があるものは、有効期間で按分して償却することになります。

スポーツジムの入会金の扱い

入会金は
無期限で有効

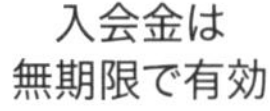

＋

退会時に
返還されない

↓

入会金を資産計上、
退会時に経費で処理

入会金に
有効期間がある

＋

退会時に
返還されない

↓

入会金を資産計上、
有効期間に応じて償却する
（有効期間が５年なら、$\frac{1}{5}$ずつ
入会金を償却していく）

スポーツジムも、従業員みんなが利用できるようになっていなければいけません。

役員など特定の人しか利用できない場合は、その特定の人の給料になり、税金がかかります。社長１人の会社では、社長１人しか利用していないことになりますが、もし従業員が入ってくれば、その従業員も利用できるようになっていなければいけません。

スポーツジムの会費を会社の経費で落とすのに特別な手続きはいりませんが、これも就業規則に記載しておくほうがいいでしょう。

また、スポーツジムは法人会員の制度を持っているところが多いので、なるべくなら法人会員に入るといいでしょう。

法人会員のないジムや、社長１人の会社などで法人会員のほうが高くつく場合は別ですが、そうでなければ法人会員が便利です。法人会員であればトータルで会費が安く収まりますし、経理処理の面でもわかりやすいです。

筆者が勤務していた税務署では、税務署がスポーツジムの法人会員になっており、署員の中で希望する人が総務部でチケットをもらってジムに通っていました。

ジムでは、窓口で300円程度出せば利用できました。この300円の支払いは、「著しく高い経済的利益は福利厚生にできない」という税法上の規則に配慮したものと思っていましたが、あとから考えてみると、300円払ったところで署員が受ける経済的利益がそれほど増えるわけでも減るわけでもありませんから、単に税務署の福利厚生費の予算の問題だったのかもしれません。

社員食堂がホテルのレストランのようになっていたり、会社内にバーをしつらえていたりする会社がメディアで取り上げられていることがありますね。これらの場合も、利用料の一部は従業員が負担しつつ、それ以外の費用は福利厚生費で賄われています。

08 福利厚生費として認められる条件は？

福利厚生費として認められるかどうかの明確な基準はありません。社会通念に照らし合わせて、妥当かどうか判断することになります。

曖昧さがある福利厚生費

こうして見ていくと、福利厚生費はどんなものにでも支出できるように思えます。

福利厚生費は、「どこまでがOKで、どこからがダメ」という明確なラインがありません。食事代の補助や住宅費の補助などは明確に基準が定められていますが、そのほかのレジャー費などについては細かな決まりがないのです。

税法でも、**「福利厚生として社会通念上認められる範囲が認められる」**という非常に曖昧な表現になっています。**福利厚生は、時代とともに変わっていくものでもあるので、はっきりとした線は引きにくい**ということなのでしょう。たとえば社員旅行だと、以前の税務当局は国内旅行しか認めないという方針をとっていました。しかし、現在では、現地泊が４泊５日までなら海外旅行も認めるという方針になっています。

昨今では、クルーザーを福利厚生費で購入する会社もあります。クルーザーという非常に高価なものを、従業員の福利厚生のためという名目で買っているのです。

ですが、クルーザーが福利厚生として本当に認められるかどうか明確にはわかっていません。

というのも、まだ裁判になっていないからです。もしかしたら税務署は、これまでもクルーザーを否認しているかもしれません。税務当局が否認した場合、納税者側が税務訴訟などを起こさない限り、その内容は公になりません。あるいは、まだ裁判が行われていないのは、税務当局が否認していないからなのかもしれません。

3つの大きな条件

福利厚生費の主な条件は次の３つとなります。

福利厚生費が認められるための主な条件

❶	❷
社会通念上、福利厚生として妥当なものであること	経済的利益が著しく高くないものであること

❸
一部の従業員のみが享受できるものではなく、従業員全体が享受できるものであること

❶の**「社会通念上」**は、すでに述べたとおりの経緯です。

❷の**「著しく高くないもの」**というのは、世間一般から見てあまりに豪勢なものは福利厚生にはそぐわないということです。

❸の**「従業員全体が享受できる」**というのは、特定の役員や従業員だけが享受できる仕組みになっていなければいい、ということであり、全従業員が一律に福利厚生を受けなくてはならない、ということではありません。

たとえば、スポーツジムの会費を会社が出す場合、全従業員分の会費を負担しなくてはならないのではなく、希望すれば誰でもジムのサービスを利用できるようになっていればいい、ということです。

クルーザーの購入が福利厚生費として認められるかどうか。筆者は「認められる」と自信を持っていうことはできませんが、福利厚生費については、会社の裁量に任されている部分がかなり大きいことは確かです。

社会通念とは、社会的に常識になっているということです。これは時代によって変わることもあります。福利厚生の範囲も時代とともに広がっています。

㊢サービスを利用する

メニュー

RRRR
福利厚生が節税になるのはよくわかったけど、忙しくてなかなかそこまで考える余裕がなくって…
ガガー
燃えるゴミ
不燃ゴミ

せっかく節税スキームがあっても絵に描いたモチになりかねないか…
ふむ

ずんっ
会社の福利厚生を請け負ってくれるサービスもあるんですよ！

会社の福利厚生を制度設計してくれるサービスで、そのサービスに任せていれば事務のほとんどをやってくれます
え?!

たとえば年に2回健康診断を受けるとかジムやレジャー施設を利用できるとか
福利厚生の制度を提案してくれて、入会手続きなども全部やってくれるんです
健診

福利厚生のさまざまなメニューが用意されているので、社長さんはその中から選ぶだけでOK!
福利厚生メニュー

でも、お高いんでしょ?

いえ、そういう業者は医療機関やレジャー施設と提携しているので、会費を払っても割安になることが多いんです
おっ いいじゃん
割安でお得!
厚生メニュー
ニャ

「福利厚生サービス」などで検索すれば出てきますよ。まずはいろいろのぞいて…
福利厚生サービス
ささっ
これなんてどお?
あ、もう…みてますね

09 旅行費用を経費で落とす3つのパターン

ひと工夫すれば旅行費用も会社のお金でOK。使える方法は、いくつかあります。

社員旅行は海外もOK

旅行は、誰にとってもメジャーなレジャーといえるでしょう。この**旅行費用**も会社の経費から出すことができます。その方法はいくつかあり、福利厚生費で落とす方法もあれば、それ以外の科目で落とす方法もあります。

順に説明しましょう。

最初に紹介するのは、「慰安旅行」という方法です。**福利厚生費の主要項目として慰安旅行があります**。慰安旅行は、従業員を慰安するために会社が企画して、会社が費用を負担する旅行のことです。社員旅行と呼ばれることが多いでしょう。税制上、一定の要件を満たせば、会社の慰安旅行は福利厚生費として損金経理できることになっています。役員や従業員の給料として加算されることはありません。

慰安旅行の条件は、❶4泊5日以内、❷社員の50%以上が参加というものです。海外旅行でも、現地泊が4泊5日以内であればOKです。

家族企業も会社のお金で慰安旅行

この慰安旅行は、家族だけでやっている会社でも、上記の条件さえ満たしていれば実施できます。

ただし、従業員以外の家族が同行する場合は、その分の旅費は会社の経費で出せません。たとえば、子どもを連れていくのなら、子どもの分の旅費は、その従業員の実費負担となります。

また、家族ばかりでやっている会社は税務署の目が厳しくなるので、**就業規則の中に「年に1回、慰安旅行を行う」などの項目を入れておいたほ**

うがいいでしょう。

なお、社長１人でやっている会社が慰安旅行をするのは、ちょっと難しいです。慰安旅行は、従業員同士の親睦を深めるという意味合いがありますから。

慰安旅行は、従業員にとっても節税になります。たとえば、シンガポールに従業員５名で４泊５日の慰安旅行をしたとします。旅費は１人12万円。

この12万円 ×５名の合計60万円は、もちろん会社持ちです。自腹で行くとすれば、そのお金は自分の給料から出すわけですから、税金と社会保険料を合わせると、１人あたりの12万円＋３～４万円が余計にかかっていることになります。しかし会社から慰安旅行として出してもらえば、この３～４万円は消えます。家族で経営している会社だったとすれば、それが即、家族の収入増につながるわけです。

業務が絡めば１人でも旅行できる

最近は、「会社の人と一緒に旅行しても気疲れするだけ」という若い方も多いようで、慰安旅行を取りやめるところも増えているようです。とはいえ、旅行日程のほとんどを自由行動にするなど、それは工夫次第でなんとかなるでしょう。

慰安旅行の条件として、「参加者は行動をともにする」というものがあるのですが、現地での細かな行動の制限まではありません。行き帰りとホテルが一緒ならば、現地でのオプションが別個でも問題にならないでしょう。

さて、慰安旅行のように従業員総出で繰り出さなくてもいい、**自由度の高い旅行を会社の経費で落とす方法もあります。**

それは、**会社の業務で旅行することにする方法**です。会社の業務であれば、旅行代金は会社持ちになります。出張費用は、当然、会社の経費から出ますよね？　その出張旅行に少し応用を効かせます。

「うちの会社は、そうそう出張する用事などない」という方もいるかもしれませんが、出張する名目は、作ろうと思えばいくらでも作れます。直接の仕事でなくても、視察で旅行してもいいわけです。

「マーケティングのため」「先進技術の視察のため」などとすれば、国内の

福利厚生として認められている範囲であれば通常は問題ないのですが、税務署の干渉を避けるために、用意できるものがあれば用意しておいたほうがいいということです。

いろんな地域に足を運ぶ用事ができます。海外だって、「中国に進出したいので、その視察をした」「東南アジアの市場を開拓したいので、調査のために」などとすれば、それは十分に会社の業務として成り立つでしょう。

また、**業務旅行なので、旅行する人の人選も会社の任意で決められます。**つまり、**社長が自分１人で旅行してもかまわない**わけです。

これは、もともとは議員や役人のやり口です。彼らは、税金を使って、視察や研修とは名ばかりの観光慰安旅行をさんざんしてきました。役人の１人として実際にそういう旅行をしてきた筆者がいうのだから間違いありません。民間企業は、税金で旅行するわけではありませんよね？　会社のお金に余裕があるときに、身銭で視察旅行をしようともバチは当たらないでしょう。

ただし、**あくまで会社の業務で旅行するのですから、その体裁は整えなくてはいけません。**

実際に会社の業務に関係する視察をスケジュールに組み込まなければいけませんし、出張中の記録も残しておかなければいけません。視察のついでに観光旅行した分までとがめられることはありませんが、日程の半分以上は視察関係のことで埋めておくのが妥当です。

会社のお金でプライベート旅行に行くことは？

「純然たるプライベート旅行に会社のお金で行けないのか」と思う方もいるかもしれません。もちろん、それができればそれに越したことはありません。それが可能かどうかというと、**全額は無理ですが、ある程度なら可能**です。

一定の条件をクリアすれば、**純然たるプライベート旅行に、会社が福利厚生費から補助的にお金を出すことができます。**従業員の給料には加算されず、税金や社会保険料はかかりません。

大企業は、いまでも保養施設を持っているところが多いものです。そういう企業の社員は格安で観光地に泊まれます。公務員も公務員用の保養施設があり、同じような恩恵を受けています。

会社が自前で保養施設を持てるのなら、それがいいでしょう。福利厚生費として、お金を保養施設につぎ込めば、従業員に大きな経済的メリットを提供できます。ですが、中小企業ではなかなかできない相談です。

それでは不公平ということで、それを補うために、**社員がプライベート旅行をした際に、その宿泊費を補助してあげることができます**。これまで述べた通り、福利厚生費に明確な線引きはありません。社会通念の上でも、慣習の上でも、会社が従業員のプライベート旅行に一定の補助を出すことはこれまでもあったことで、認められているのです。

具体的には、従業員が観光旅行をした際、1泊につき5,000円を会社が補助するなどとします。従業員の家族にも同様の補助を出します。それを人数×宿泊日でカウントして、年間20回までOKというような規定を作っておくのです。そうすれば年間10万円の旅行費用を会社から出せます。

かなり古いデータで恐縮ですが、財団法人労務行政研究所の2001年の調査では、調査対象340社の大企業のうち補助制度がある割合は39.7%となっています。補助額の平均は1泊につき3,462円です。最低額は1,000円で、最高額は1万5000円。7割の企業で年間に使用できる回数を決めており、3割の企業は無制限。

このように、大企業の中ではかなり一般化された制度ですから、社会通念上、社員のプライベート旅行の費用を中小企業が出しても問題なしといえます。

この方法を使う場合の一番の注意点は、宿泊の補助金を社員に手渡してはいけないことです。会社がホテルや旅館などに直接申し込み、社員が会社に、会社からの補助を差し引いた残りの宿泊費を払うという形をとらなくてはいけません。

国税局相談窓口で確認したところ、従業員が自分でホテルや旅館に宿泊の申し込みをし、あとで会社が補助金を出すという形では給料として扱われてしまうとのことでした。

10 就業規則で税務署よけ！

家族企業の福利厚生費は税務署が目を光らせています。トラブル回避には就業規則が効果的です。

取り入れることを決めた福利厚生を書き入れておく

福利厚生費を上手に活用することで、会社の利益を調整できることを説明してきましたが、社長だけでやっている会社、社長とその親族だけでやっている会社などの場合、福利厚生費と個人的支出の区別がなかなかつきにくいものです。福利厚生は福利厚生なので、妥当なものであれば、同族会社であろうが家族企業であろうが、福利厚生費として認められるはずなのですが、税務署からすると文句の１つもいってみたくなる事柄ではあります。

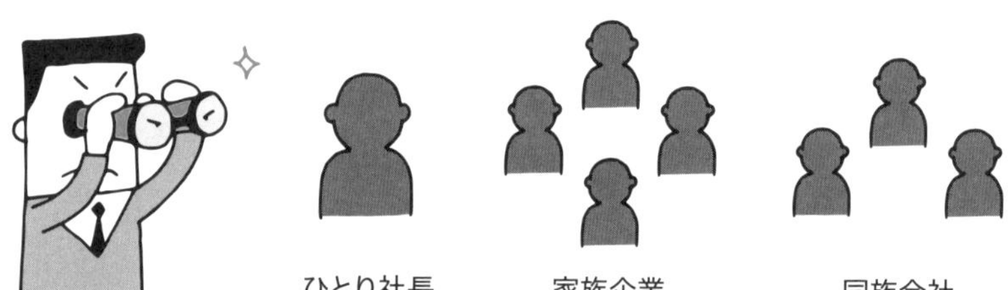

税務署に文句をいわせないためには、福利厚生を就業規則に明示しておくのが効果的です。

就業規則は、給料、休日、労働内容などの労働条件や、従業員が受けられる福利厚生などの内容を記した会社のルールブックです。常時10人以上を雇用している会社、事業者は、就業規則を作成し、労働基準監督署に提出することが義務づけられています。従業員が10人以下の中小企業では作っていないことも多いようですが、10人以下なら作ってはならない、ということはもちろんありません。

就業規則は、税務上、義務づけられたものではありません。ですから、会社で福利厚生などを行うとき、就業規則に記されていないから、その費用は認められないといったことはありません。しかし、**就業規則に記してあれば、それなりの客観的な証拠になります**。税務署に言いがかりをつけられないためにも、従業員が10人以下の会社でも就業規則は作っておいたほうがいいでしょう。

作成済みの会社は、**節税策について書き加えておいたほうがいいでしょう**。たとえば、スポーツジムの法人会員になるのなら、就業規則の中に「社員はスポーツジムを利用できる」と書き入れておきます。退職金についても、「○年以上勤務した社員には、最終報酬月額の○カ月分の退職慰労金を支払う」などと記載しておきます。退職金も、就業規則にうたっていなければ認められないということはないのですが、就業規則に記されていることは、より客観的な証拠となります。

就業規則を作って福利厚生の内容を記載した場合、会社は原則としてそれを守らなければいけません。ですが、家族企業などの場合は、必ずその福利厚生を行わなければならないということはありません。就業規則というのは、主に従業員の権利（待遇）を定めたものです。**社長１人や家族だけで経営している会社であれば、会社があまり儲かっていないときには福利厚生を施さなくても問題ありません。**

一方で、家族以外の従業員がいる場合は、就業規則に記載してある項目は彼らに権利がありますので、従業員の同意なく福利厚生を削ることはできません。

就業規則には特に決まった書式はありません。従業員の労働条件や福利厚生の内容などを、わかりやすく記してあればOKです。厚生労働省のサイトでは「モデル就業規則」が掲載されているので、それを参考にしてもいいでしょう。

同族会社は、3人以下の株主で会社の株の過半数以上を握っている会社のことです。この3人以下の株主には、親族等の関係者も含みます。

11 会社の業務との関連を見つけて経費計上！

新聞雑誌、書籍、動画配信サービスなど室内娯楽の購入費も、会社から出すことができます。

インドア系の娯楽費用も会社のお金で

スポーツ観戦や旅行などのレジャーだけでなく、インドア系の娯楽費用も、会社のお金で出すことができます。具体的には、雑誌、書籍、動画配信サービスなどなどです。

これらを福利厚生費として計上するのは、少し無理があります。個人の趣味の範疇なので、一般的な福利厚生とはまだ認められていません（ただし、今後世間で福利厚生として認知される可能性もあります）。ですが、**これらは「情報収集」という名目で、会社の業務として経費計上することが可能**です。

業界や世間の動向をつかんだり、教養を得るなどの研鑽のために本や雑誌を買うのは一般的なことです。それらの本や雑誌は、会社の事業内容と直接関係がないものであっても、**少しでも仕事に役立つ部分があれば、会社の業務と関連があるということで、会社の経費から出すことができます。**

一般週刊誌でも、情報源となる以上、費用として認められます。顧客との世間話のネタにもなりますので、スポーツ新聞や雑誌全般、ベストセラー書籍なども、経費の対象になります。

また、業種によっては、ゲームソフトなども「情報収集のため」として経費計上することができます。ゲーム関連や娯楽関連の会社はもとより、昨今はスマホゲームのヒット作はちょっとした社会現象になることもあるので、かなり広範囲の会社が、「流行調査のため」の費用を計上できるはずです。

大きな会社にもオススメ

従業員への給料の代わりに、書籍代などを会社の経費から出せば、従業員の税金と社会保険料の節減になります。たとえば、月5,000円を書籍代に使っているのなら年間で６万円です。**これを従業員が自分の給料から払えば、税金と社会保険料で約３万円がかかってきますが、会社に書籍代を出してもらえば払わなくて済みます。**

これは、**中小企業に限らず、大企業でも有効な節税策となります。**

書籍代などは消費税の課税仕入れとすることができるので、経費計上した額の消費税分は戻し税となります。

課税仕入れというのは、消費税を納付するときに、売上時に預かった消費税から、経費の支払い時に払った消費税を差し引くことです。書籍代などは課税仕入れに該当するため、書籍代支払い時に払った消費税は、納付する消費税から差し引くことができます。書籍代に限らず、ほかの福利厚生費も、国内で支払った分は課税仕入れとすることができます。これを広く行えば、けっこうな額になります。社員100人に月5,000円の書籍代を出してあげるとすれば、年間600万円です。この600万円は消費税の課税仕入れに入れることができるため、600万円×10%で、60万円の消費税の節税になります。ただし、書籍代などを会社に出してもらうには、購入した際のレシートを会社に提出することが必須となります。

消費税の専門用語がまとめて出てきたので、少し難しかったかもしれません。消費税についてはPart ６で説明しますので、Part ６を読み終わってから、このページに戻ってきてもらうと理解しやすいと思います。

従業員の間で不公平にならないように、「書籍代は月5,000円まで」などと、あらかじめ枠を与えておくといいでしょう。その範囲内で従業員が自由に本を買い、各自がレシートを会社に提出するといったルールにしておくのです。

経費計上するときの勘定科目は、「情報費」「調査費」など、それとわかるものを作っておけば大丈夫です。

12 パソコンも、テレビも、スマホ代もいける！

自宅用のパソコンやテレビも、一定の条件をクリアすれば会社の経費で落とせます。スマホ料金や通信費も大丈夫！

会社からのレンタルという形にする

パソコンはいわずもがなの必需品ですが、２年くらいたつとなんとなく動きがもっさりしてきて、５年も使えば買い換えを検討しないと……といったふうになるのではないでしょうか。生活費に占めるパソコン代の割合はバカになりません。**このパソコン代を会社の経費から出せれば、会社にとっても従業員にとっても、かなり大きい**はずです。

従業員の私的なパソコンを会社が買ってあげることはできますし、それは会社の経費で落とすことができます。しかし、それだけでは「会社からの利益供与」となり、従業員にとって「税金のかかる給料」になってしまいます。ここはひと工夫して、「会社が経費で落とす」「従業員も給料扱いされない」方法を取りましょう。

会社のお金でパソコンを買うための条件

この２つの条件をクリアしていれば、会社の経費で落とせて、従業員の給料にもなりません。

たとえば20万円のパソコンを買う場合、従業員が自分の給料から払えば、平均的な会社員の場合、税金と社会保険料で７～８万円程度かかります。

ですが、給料の代わりに、会社が従業員にパソコンを貸与すれば、この税金と社会保険料はかかりません。会社も社会保険料の節減になりますし、課税仕入れで、消費税の納付額が２万円（20万円×10%）減額されます。社会保険料の節減額と合わせれば、３～４万円になるでしょう。

従業員の節税額と、社会保険料を含む会社の節税額を合わせれば、１人あたり10万円程度になります。これを10人の社員に行えば、100万円にもなるのです。

先ほどの条件については、あまり難しく考える必要はなく、会社の業務で使うといっても、ガチガチに会社の業務だけに使わなくてもOKです。会社から貸与されたものであっても自由に使うことができます。もちろん、どこかに持ち歩いても大丈夫です。

ただし、あくまで会社の持ち物なので、自宅に持ち帰ることはかまいませんが、税務調査などが行われるときには会社に持ってこられる状態にしておいたほうがいいでしょう。処分するときも、従業員が勝手に処分するのではなく、会社経由で処分したほうがいいでしょう。

従業員に賃貸料を払うという手も

パソコンと並ぶマストアイテム、スマホの料金も会社のお金で賄うことができます。パソコンと同じ次の条件をクリアすれば、「通信費」として会社の経費で落とせる上に「給料扱い」になりません。

会社の経費になって、従業員の給料にならない条件

- 会社の業務で使うこと
- 会社のスマホを社員に貸し与えるという形をとること

スマホは仕事でも不可欠なので、会社が費用を負担しても別におかしくはありません。昨今では、スマホを会社から社員に貸与しているところも多いはずです。スマホ代を会社の経費で落とすには、原則として、会社が携帯電話会社と直接契約することになります。

一方でスマホは個人契約しているものがあるから、２台はいらないという方も多いでしょう。そういう場合は、**会社が個人契約のスマホを借りている（業務で使わせてもらっている）ということにして、従業員に賃貸料を払う**という手もあります。会社が従業員個人から借り受けて会社の業務で使っていることにして、その対価として賃貸料を払うのです。

その際には契約書を作っておいたほうがいいでしょう。契約書といっても難しく考える必要はなく、「月○○円で○○のスマホを会社の業務で使用する」ということを明確にしておけば十分です。そして、決められた金額を定期的に支払います。

また、従業員の自宅でのネット通信費や固定電話料金も、先ほどの２つの条件をクリアしていれば、会社の経費から出せます。

自宅のインターネットや電話を少しでも仕事で使うことがあれば、会社の経費で落とせます。この場合も、会社がインターネット接続業者と直接契約するのが原則ですが、すでに個人で契約している場合は、会社と従業員の間で業務使用の契約を結べばいいでしょう。

自宅テレビやAV機器も福利厚生で

次に、テレビ、ブルーレイなどのAV機器を会社のお金で買う方法を紹介します。

テレビ、ブルーレイなどを会社のお金で購入するには２つのルートがあります。

１つは、**福利厚生費として買う方法**です。会社の福利厚生の一環としてテレビ、ブルーレイを購入する、という仕組みを作っておくのです。テレビやブルーレイの代金を福利厚生費から出していい、とはもちろん税法には明示されていませんが、社会通念上、テレビやブルーレイは、人々の娯楽として最低限度のものとなっており、これを福利厚生費として支出しても問題ないといえます。

社員寮にテレビが置いてあるのは普通のことですし、当然、それは福利厚生費から支出されているものです。ですから、**会社が福利厚生で従業員にテレビを支給することは、社会通念上おかしくはない**のです。社長１人でやっている会社でも、家族経営の会社でも、問題ありません。

ただし、これまでの福利厚生と同じく、一部の従業員だけが受けられるようになっているのはダメで、希望すれば従業員全員が受け取れるようにしておきます。

そして、購入は会社を通して行います。「会社が買ったものを従業員に支給する」という形が必要です。就業規則にも記しておいたほうがいいでしょう。特に、社長１人や家族だけでやっているような会社は、「会社の金で個人のテレビを買った」として税務署から指摘されるおそれがありますので。

就業規則できちんと定めた上で、「福利厚生として買った」となれば、税務署もそれ以上の文句はいえません。税務署の寮にも、半世紀前からテレビは設置されていました。

もう１つのルートは、**会社の業務でテレビ、ブルーレイを使うという建前で、会社の備品として買うこと**です。テレビやブルーレイソフトから情報を収集することは珍しくありませんから、会社の業務として買っても無理筋ではありません。この場合、会社の業務に関連する番組を録画したり、ブルーレイソフトを残しておくことが必要です。

「会社の備品」ですから、台数や現状の使われ方などについて税務署のチェックを受ける可能性があります。どこに何台置いてあり、どういう業務に使っているのか、チェックに備えてきちんと説明できるようにしておいたほうがいいでしょう。

13 会社から家賃を取ると節税になる

会社から家賃を取ると、会社や社長個人の税金が安くなります。ビルやオフィスを丸ごと賃貸ではなく、自宅の一部を賃貸する方法もあります。

会社に貸している不動産、しっかりお金を取っていますか？

社長の報酬はあまり高くせずに、利益を会社に残しておくのも手ということを120ページで説明しました。それは、個人の所得税の税率が上がり、会社の法人税の税率が下がったためです。

中小企業の社長は、会社に事務所の建物を貸したり、倉庫などの土地を貸したりしているケースが多いはずです。自宅の一部が事務所になっていることも多いでしょう。そういった際に、社長が会社から賃貸料をきちんと取っていないことが見受けられます。賃貸料を多く取れば社長の不動産収入が増えるので、個人の税金を増やさないために賃貸料を低く抑えているようです。

しかし、**これは逆効果**です。**会社に不動産を貸している場合の賃貸料は、しっかり取っておいたほうが節税になる**のです。**不動産の賃貸料をしっかり取り、その分、自分の役員報酬を下げれば大きな節税になります。**

不動産の賃貸料収入というのは、社長個人の収入にはなりますが、この収入には社会保険料がかかってきません。一方、社長の報酬には社会保険料がかかります。社会保険料の負担は、会社と従業員の負担を両方合わせて約30%です。従業員なら会社と折半ですが、オーナー社長なら自分の分と会社負担分は、どっちみち自分で払うことになります。つまり、30%をまるまる自分が負担しなければならないのです。

ですから、もし社長が自分の報酬を100万円上げたとすれば、所得税、住民税、社会保険料の負担額は合計で50%を超えてしまいます。一方で、**この増額分を不動産収入で受け取れば所得税と住民税の負担だけで済みま**

す。社会保険料の30%はかかりません。

つまりは、**同じ金額を会社から受け取るなら、役員報酬でもらうより不動産収入でもらったほうがトクをする**のです。また、不動産賃貸料も、ただ不動産を貸すだけではなく、光熱費や通信費込みの賃貸料ということにすれば、さらに大きな賃貸料を得ることができます。そのあたりは工夫次第です。

注意点もあります。それは、**「賃貸料は世間相場並みでなければならない」**ということです。あまり高すぎると、経営者への利益供与とみなされ、臨時的な役員報酬という扱いを受けるおそれがあります。**臨時的な役員報酬にされてしまうと、損金（経費）計上ができない上に、経営者に所得税がしっかりかかってきます。**

不動産賃貸料が安すぎる分には、税務署はあまり文句をいわないでしょう。経営者個人の所得税が安くなることになりますが、会社にとっては利益の加算となるからです。

社長の役員報酬 多
不動産の賃貸料 少

税金と社会保険料で
負担額は50%以上

社長の役員報酬 少
不動産の賃貸料 多

役員報酬が下がって賃貸料が
上がった分について、社会保
険料の負担が軽くなる

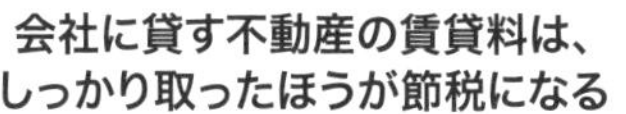

また、不動産賃貸料を理由もなく、しばしば変更するようなことは慎むべきでしょう。あまりに変更が多いようであれば、「不自然に利益調整をしている」として、これまた税務署から否認されるおそれがあります。

そして、きちんとした賃貸契約をかわしておく、という必要があります。社長と会社であっても、あくまで別個の経営主体同士の契約ということになりますので、契約自体は第三者と行うのと同様にしておく必要があります。これらの注意点を差し引いたとしても、経営者から自社への不動産賃貸は大きなメリットがあるといえます。

オーナー社長の場合、実質的には社長と会社は一心同体ですが、法律的には、まったく別個のものとして取り扱われます。ですから、社長と会社との取引でも通常の取引先とのそれと同等の扱いになるのです。

自宅の一部を自社に貸す節税策

経営者が自分の不動産を会社に貸して賃貸料収入を得れば大きな節税になるということを紹介しましたが、オフィスなどを丸ごと自社に貸しているような社長はそう多くはないでしょう。そういう場合は、これから紹介する方法を使うことができます。

それは、**自宅の一部を会社に賃貸する**ことです。

中小企業の経営者は、事務所だけでなく、自宅で仕事をすることもあるはずです。その場合、**「自宅の一部を会社の事業に使っている」ということで会社から家賃をもらうことができます**。そして、その分、役員報酬を削れば大きな節税になります。

たとえば、役員報酬で毎月50万円をもらっているとするなら、それを40万円に下げて、残りの10万円分は家賃としてもらうのです。家賃は、社長個人の不動産所得として申告しなければいけませんが、不動産の固定資産税や減価償却費なども経費として計上できるので、不動産所得はそれほど大きくはなりません。毎月10万円の家賃をもらっていたとしても、せいぜい年間40～50万円くらいの不動産所得にしかならないでしょう。その所得にかかってくる税金は、10万円にも満たないはずです。

その一方で、役員報酬は毎月10万円削れますので、年間120万円分の給与所得を削減できることになります。もちろん、その分、税金が安くなります。そして、不動産収入には社会保険料がかかりません。社会保険料だけで40～50万円くらいの節減になるはずです。

自宅の一部を自社に賃貸する場合も、気をつけなくてはいけない点があります。まず、家賃が「適正な価格」であることです。自宅の一室を仕事場として使ったのなら、その一室を借りるときの妥当な家賃でないといけません。あまりにも高額であれば、会社から役員への利益供与とみなされ、役員報酬に組み入れられてしまいます。

そして、不動産所得の申告についても注意が必要です。固定資産税、減価償却費などの経費を計上する場合に、**会社に貸している部分と、社長が個人的に使っている部分を按分しなければいけません**。たとえば、固定資産税が20万円で、会社に貸している部分が家全体の40％なら、20万円×40％で８万円しか経費に計上してはならない、ということです。また、会社に貸す場合、光熱費も会社の業務で使うはずですから、これも経費に入れることができます。これも、会社使用部分と個人使用部分で按分します。光熱費が年間で30万円かかったのなら、経費に計上できるのは30万円×40％で12万円ということになります。

なお、光熱費だけを別途請求するのは面倒なので、「光熱費込みでいくら」というふうに賃貸料を決めておいたほうがいいでしょう。ですから、部屋だけを貸すときよりは家賃を上乗せできます。部屋だけなら通常8万円が相場だとするなら、家賃を10万円前後に設定してもおかしくはないでしょう。会社の業務でインターネットや電話なども使うときは、さらに上乗せするのもアリです。

社会保険料は収入に応じて課せられますが、会社勤めをしている人（経営者も含む）は、不動産収入などのほかの収入があっても、会社で支払っている社会保険料だけで完結することになっています。これは、社会保険料の抜け穴ともいえるものです。

Part4のフリカエリ

福利厚生費は、従業員の福利厚生に使う費用。従業員が社長1人しかいない小さな会社でも、福利厚生費を活用できる。

従業員への経済的恩恵を福利厚生費によって提供することで、会社の利益を圧縮しながら、従業員個人の所得税、住民税、社会保険料の負担を小さくできる。

従業員の「衣食住」に福利厚生費を使える。特に支出が大きくなる住宅費は効果が大きい。ただし、役員、従業員から会社に家賃の15％程度を支払うことが必要。

福利厚生は、「希望すれば誰でも受けられる」ようになっていることが必要。また、会社が補助するのではなく、会社が購入して従業員に提供する形をとること。

福利厚生費で社員旅行したり、プライベート旅行に補助を出せるほか、「業務旅行」をプランニングして会社の経費で落とす手もある。

「会社から従業員へのレンタル」という形をとれば、パソコン、テレビ、スマホなどのアイテムを会社の経費で従業員に提供できる。

社長が会社に不動産を貸していて、不動産の賃貸料を受け取った場合、その収入からは社会保険料がマイナスされない。

Part 5

「含み資産」は会社の守り神

減価償却を使いこなせると、
経費の幅が広がります。
儲かっているときには短期間でがっつり経費化。
帳簿上の価値は、ほぼゼロに。
でも、実際はゼロどころか市場に出せば高値で売れる。
そんな「含み資産」は会社にとって心強い存在です。

01 どんなときに減価償却をする?

何年にもわたって使える機械や建物などは、購入した時点で購入費全額を経費にするのではなく、耐用年数の間に少しずつ経費にしていきます。

減価償却ってなに?

業務を行っていれば、時折、大きな設備投資が必要になります。製造業ではない一般のオフィス業務でも、さまざまな備品や機器が必要です。そういう、ちょっと大きな買い物をした場合に気をつけなくてはいけないのが減価償却です。

高価な機器や設備、車などは、何年にもわたって使用するのが普通です。そのため、そういった高いものを購入した場合には、購入した時点で購入金額の全額を経費で落とすのではなく、**「耐用年数」**に応じて、その期間内で少しずつ経費化していきます。これを**「減価償却」**といいます。そして、減価償却の対象となる「ちょっと高いもの」を会計用語で**「固定資産」**といいます。

基本的な仕組みは簡単

「減価償却」という言葉は、ニュースなどでもときどき使われるのでご存じの方も多いと思いますが、なんとなく堅そうな響きがあります。でも、減価償却はそう難しいものではありません。一言でいえば、**「長期間使用できる高価なもの」(=固定資産)を購入した場合は、購入費を使用する期間で按分して経費計上する**ということです。

たとえば、10年の耐用年数がある100万円の機械を買った場合、1年間に10万円ずつ、10年間にわたって経費計上していきます。この計上した経費のことを**「減価償却費」**といいます。実際はもう少し複雑な計算になりますが、仕組みとしてはこういうことです。

減価償却について知っているのと知らないのとでは、節税の幅に大きな違いが出てきます。このPartで、ぜひ減価償却の理屈をマスターしてください。

セットで使用するものはセットでの金額が対象

具体的にどういうものが減価償却の対象になるかというと、原則として「使用期間が１年以上のもので、10万円以上のもの」です。つまり、１年以上使えて、10万円以上の値段のものを購入した場合は、一括で経費計上するのではなく、耐用年数に応じて減価償却します。

「10万円以上のもの」は、「１セットで10万円以上」となります。たとえば、セットで使用するソファセットなどでは、ソファの１つひとつは10万円を切っていても、全体で10万円以上となれば減価償却の対象になります。

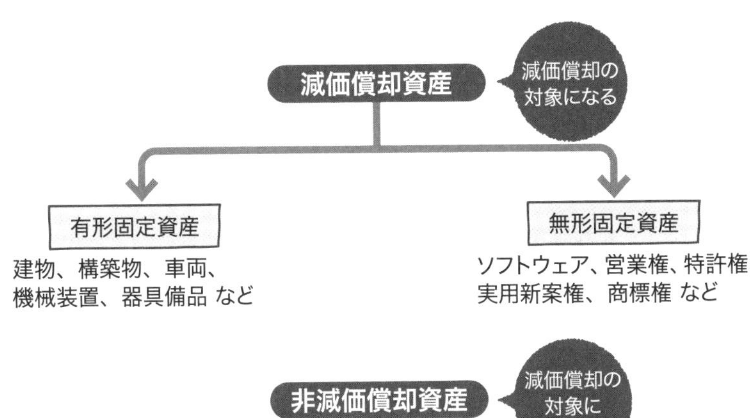

基本的にパソコンのプリンターなどもセットとみなされますが、パソコンは社内の各従業員が単体で使用し、プリンターは社内で1台だけ設置されているような場合にはセット扱いになりません。

１年以上使えるものであっても、10万円未満の場合は固定資産になりません。電化製品などは10万円以上であれば固定資産になりますが、10万円未満ならば備品となります。

02 「ちょっと高いもの」には耐用年数が決められている

固定資産には、耐用年数が定められています。耐用年数によって減価償却をしていきます。

期中に固定資産を購入した場合は月数で按分する

ちょっと高い買い物（固定資産）は、購入費用を耐用年数で按分して経費にしていくわけですが、この**耐用年数は法律で定められています**。

主な固定資産の耐用年数は、173ページの表のとおりです。たとえばパソコンなら、「パーソナルコンピュータ（サーバー用のものを除く）」が該当するので、耐用年数は４年です。20万円でパソコンを購入した場合は、これを４年の期間に按分して、１年間に５万円ずつ経費化していきます。

さて、固定資産というのは、期中に購入する場合が多いものです。その場合、**購入した事業年度の減価償却費は、使用した月数で按分計算する**ことになります。

たとえば、３月決算（４月１日～３月31日が事業年度）の会社が、10月に固定資産を購入した場合は、その事業年度に使用した月数は６カ月となります。12カ月分の６カ月で、使った期間は「$\frac{1}{2}$」になるため、年間の減価償却費を$\frac{1}{2}$にしたものが、その年の減価償却費ということになります。

一方で、４月に購入したのなら、12カ月分の12カ月で「１」となります。つまり、減価償却は、購入費を耐用年数で割り、購入した事業年度については、使った期間分だけを経費として計上する仕組みになっているのです。

主な固定資産の耐用年数

構造・用途	細　目	耐用年数
事務所用建物	木造、合成樹脂造のもの 木骨モルタル造のもの 鉄骨鉄筋コンクリート造・鉄筋コンクリート造のもの	24 22 50
家具、電気機器、ガス機器、家庭用品	事務机、事務いす、キャビネット 　主として金属製のもの 　その他のもの 応接セット 　接客業用のもの 　その他のもの	 15 8 5 8
事務機器、通信機器	電子計算機 　パーソナルコンピュータ(サーバー用のものを除く) 　その他のもの 複写機、計算機(電子計算機を除く)、金銭登録機、タイムレコーダーその他これらに類するもの その他の事務機器 ファクシミリ	 4 5 5 5 5
光学機器、写真製作機器	カメラ、映画撮影機、映写機、望遠鏡 引伸機、焼付機、乾燥機、顕微鏡	5 8
看板・広告器具	看板、ネオンサイン、気球 マネキン人形、模型 その他のもの 　主として金属製のもの 　その他のもの	3 2 10 5
容器、金庫	ドラムかん、コンテナーその他の容器 　大型コンテナー（長さが6m以上のものに限る） 　その他のもの 　　金属製のもの 　　その他のもの 金庫 　手さげ金庫 　その他のもの	 7 3 2 5 20

耐用年数の期間按分は、日数計算まではしなくてOKです。月の途中で購入した場合は、その月を1カ月分とみなして計算します。

使用できる期間に応じて、購入金額を各期間に配分することをいいます。固定資産を買った年に全額経費化してしまうと、固定資産を使用できる各年度の損益にばらつきが出てしまうため按分を行います。

03 定額法と定率法をまとめておさえよう

定率法は、定額法よりも早めに多くの減価償却費を計上できます。通常は、この方法を選択したほうが節税になります。

定額法のやり方を覚えよう

減価償却の方法には、**「定額法」**と**「定率法」**という2つの方法があります。定額法は、耐用年数に応じて「毎年同じ額だけ」の減価償却費を計上していくものです。定率法は、資産の残存価額に「毎年同じ率をかけて」、各年の減価償却費を計上していくものです。

大きな違いは、**定額法は毎年同じ額の減価償却費となり、定率法は耐用年数の前半期での減価償却費が大きく、年数を経るごとに減価償却費が少なくなっていく**ことです。ですから、早めに多くの減価償却費を計上したい場合は定率法を選ぶべきでしょう。ただし、建物や構築物などの不動産設備は定額法による減価償却しか認められていません。

主な固定資産別の減価償却の方法

建物	定額法
建物附属設備及び構築物	定額法
機械及び装置	定率法または定額法
船舶、航空機、車両運搬具	定率法または定額法
工具器具備品	定率法または定額法
無形固定資産※及び生物	定額法
リース資産※	リース期間定額法

※無形固定資産とは商標権、特許権などビジネス上の権利などのことです。
※リース資産とは期間限定で借りている資産（返却が必要）のことです。リース期間を耐用年数に置き換えて、定額法で減価償却します。

定額法の計算方法は次のようになります。

取得価額 × 減価償却率 × $\frac{使用した月数}{12}$

＝ その年の減価償却費

たとえば、100万円の業務用コンピュータを10月に購入したとします。パソコンではない業務用コンピュータの耐用年数は、173ページの表の「電子計算機」→「その他のもの」に該当するので５年です。100万円を５年間で按分して経費化することになります。**「減価償却率」**は、「１÷耐用年数」で求める値です。耐用年数５年の場合は１÷５で、減価償却率は0.200になります。ですから、算出式は次のようになります。

100万円 × 0.200 ＝ 20万円

そして、使用した月数が10月から翌年３月までの６カ月なので、$\frac{6}{12}$をかけて、10万円になります。これが購入した最初の年に計上できる減価償却費です。２年目から５年目までは、１年分の20万円が減価償却費として計上できる金額になります。そして最後の６年目には、耐用年数の残りの期間（残存期間）が６カ月分になりますので、６年目の減価償却費は、１年目と同じ10万円になります。

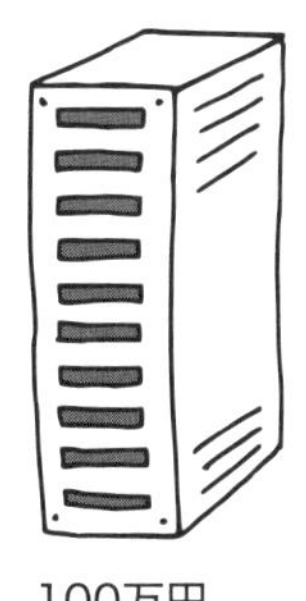

100万円

6カ月　100万円 × 0.200 × $\frac{6}{12}$ ＝ 10万円
2年目　100万円 × 0.200 ＝ 20万円
⋮
5年目　100万円 × 0.200 ＝ 20万円
6カ月　100万円 × 0.200 × $\frac{6}{12}$ ＝ 10万円

合計5年で減価償却

「取得価額」は、固定資産を購入したときに支払った購入代金のほか、配送料金や設置料金などの一緒にかかった費用も含みます。

差し引いてからかけていく定率法

次は定率法です。定率法は、毎年、固定資産の残存価額に同じ率をかけて減価償却費を計上していきます。計算式にすると次のようになります。

残存価額 × 減価償却率 × 使用した月数/12

= その年の減価償却費

定額法は、その資産の「取得価額」に減価償却率をかけますが、定率法は、その資産の「残存価額」に償却率をかけます。そこが定額法との大きな違いです。

「残存価額」というのは、その資産から減価償却してきた金額を差し引いた価額のことです。**残存価額は、年を経るごとに減っていきます**。ですから、**定率法は年を経るごとに減価償却費が減っていくことになります**。

定額法　取得価額 × 減価償却率（常に一定）

定率法
取得価額
100万円 × 0.400 ＝ 40万円
残存価額
100－40万円 × 0.400 ＝ 24万円
100－40－24万円 × 0.400 ＝ 14.4万円
⋮

定額法の減価償却率は、「1÷耐用年数」で簡単に求められます。耐用年数が４年なら減価償却率は0.250、３年なら0.334です。一方、定率法の償却率は177ページの表のように法律で定められています。「改定償却率」や「保証率」も同様です。

定率法の償却率（平成24年４月１日以後取得のもの）

耐用年数(年)	償却率	改定償却率	保証率
2	1.000	—	—
3	0.667	1.000	0.11089
4	0.500	1.000	0.12499
5	0.400	0.500	0.10800
6	0.333	0.334	0.09911
7	0.286	0.334	0.08680
8	0.250	0.334	0.07909
9	0.222	0.250	0.07126
10	0.200	0.250	0.06552
11	0.182	0.200	0.05992
12	0.167	0.200	0.05566
13	0.154	0.167	0.05180
14	0.143	0.167	0.04854
15	0.133	0.143	0.04565
16	0.125	0.143	0.04294
17	0.118	0.125	0.04038
18	0.111	0.112	0.03884
19	0.105	0.112	0.03693
20	0.100	0.112	0.03486
30	0.067	0.072	0.02366
40	0.050	0.053	0.01791
50	0.040	0.042	0.01440

保証率と改定償却率の扱い方

定率法の減価償却費の計算を、先ほどの100万円の業務用コンピュータを例に取って説明しましょう。

業務用コンピュータの耐用年数は５年ですので、定率法での償却率は0.400になります。

最初の年は100万円×0.400で、40万円が減価償却費として計上できます。固定資産を新たに買った年は、使った期間で按分しなくてはいけませんので、10月に買ったとすれば翌年３月まで半年分の減価償却となり、購入した年の減価償却費は20万円になります。

次の年は、業務用コンピュータの残存価額80万円（100万円－前年の減価償却費20万円）に、償却率0.400をかけた32万円が減価償却費になります。同様にして、翌年以降も算出していきます。

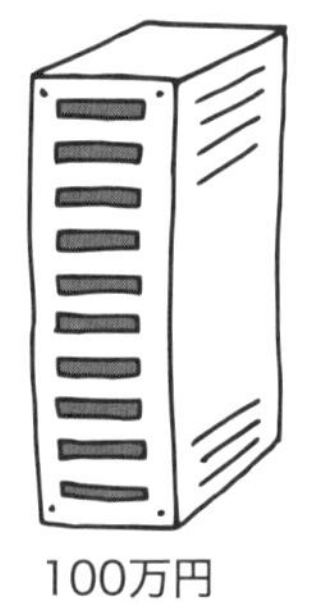

6カ月　100万円 × 0.400 × $\frac{6}{12}$ ＝ 20万円

2年目　(100－20)万円 × 0.400 ＝ 32万円

3年目　(100－20－32)万円 × 0.400 ＝ 19.2万円

⋮

ここで、定率法のポイントを説明しましょう。**定率法は、残存価額に償却率をかけて算出していきますので、いつまでたってもゼロになりません。**

そのため、定率法には保証率という仕組みがあって、残存価額が、保証率を使った数値を下回った場合は、改定償却率を使って均等償却できることになっています。

耐用年数５年の場合の保証率は、177ページの表のとおり0.10800ですので、100万円×0.10800で、残存価額が10万8000円を下回った場合は、その年から改定償却率を使って均等な額で償却することになります。

この例では、次の図のように、６年目で残存価額が10万8000円を下回りますので、６年目からは改定償却率を使って均等償却することになります。

６年目の残存価額は10万3680円ですので、これに改定償却率0.500をかけた５万1840円が６年目の減価償却費になります。７年目も同額の５万1840円が減価償却費になります。

100万円の業務用コンピュータを
期中７カ月目に購入した場合の減価償却費

	（残存価額）		（償却率）		（使用月数）		（減価償却費）
1年目	100万円	×	0.400	×	6月／12月	＝	20万円
2年目	80万円	×	0.400	×	12月／12月	＝	32万円
3年目	48万円	×	0.400	×	12月／12月	＝	19万2000円
4年目	28万8000円	×	0.400	×	12月／12月	＝	11万5200円
5年目	17万2800円	×	0.400	×	12月／12月	＝	6万9120円
	（基準価額）		**（改定償却率）**		**（使用月数）**		**（減価償却費）**
6年目	10万3680円	×	0.500	×	12月／12月	＝	5万1840円
7年目	10万3680円	×	0.500	×	12月／12月	＝	5万1840円

機械や機器、備品などは、税務署に「減価償却資産の償却方法の届出書」を提出すれば、"あえて"定額法で減価償却することもできます。提出期限は、該当する固定資産を購入した事業年度の確定申告書の提出期限と同じです（3月決算の会社なら5月31日まで）。

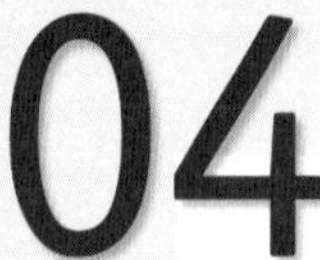

車の買い換えはテッパン！

車の買い換えは、格好の節税策になる場合があります。儲かりそうな年には一考に値します。

なぜ車の買い換えが節税に？

会社の景気がいいとき、今年は儲かりそうだというときには、節税策として車の買い換えをする手があります。

どうして車なのか理由はわからないけれど、似たような話を聞いたことがある、という方は多いでしょう。なぜ車の買い換えが節税になるのかというと、まずは単純に、大きな買い物をすることで会社の経費が膨らみます。

車は、固定資産です。購入したときに一括で経費で落とすことはできず、減価償却資産として計上し、耐用年数に応じて経費化していかないといけません。

ただし、車は181ページの表に示すように、**耐用年数が比較的短い**のです。新車の普通乗用車は「その他のもの」に該当して、耐用年数は６年。耐用年数６年ということは、定率法での償却率は0.333になります。

つまり、**購入した１年目に購入金額の$\frac{1}{3}$を経費計上できる**ということです。そして、購入して２年間で、購入費の約55%を減価償却できます。ただし、購入した年の減価償却費は、購入した月によって$\frac{使用月数}{12}$の値をかけることになりますので、その点は注意してください。

今期７カ月目で新車を200万円で買い、定率法で減価償却したとすると、次のような算式になります。

$$200万円 \times 償却率0.333 \times \frac{6カ月}{12カ月} = 33万3000円$$

半年乗っただけで、33万3000円の減価償却費を計上できるというわけです。さらに、自動車取得税、自動車税などの車にかかる税金は、購入した年に経費として計上することができます。それらを合わせれば、40万円以上の経費になります。

この例では、期中の7カ月目に購入しているので、減価償却費は半年分しか計上できませんでしたが、もっと早いタイミングで購入すれば、さらに減価償却費を積み増せます。1カ月目の購入なら、1年分まるまるの減価償却費を計上できます。

自動車購入時には、かなり多額の税金を払うことになりますが、それらは自動車の取得価額とは別会計となり、買った年にすべて経費計上できます。

車両運搬具の耐用年数

構造・用途	細目	耐用年数
一般用のもの（特殊自動車、運送事業用等以外のもの）	自動車（2輪・3輪自動車を除く）	
	小型車（総排気量が0.66リットル以下のもの）	4
	貨物自動車	
	ダンプ式のもの	4
	その他のもの	5
	報道通信用のもの	5
	その他のもの	**6**
	2輪・3輪自動車	3
	自転車	2
	リヤカー	4

車をローンで購入すれば、会社は資金的にも助かります。5～6年のローンで購入すれば、最初の2年間はローンで払うお金の倍くらいの減価償却費を計上することができるわけですから。

05 もとの車との合わせ技で、さらに節税！

もとの車に残存価額があった場合には、固定資産売却損が出る可能性があります。これをうまく使えば、さらに大きな節税ができます。

固定資産売却損で経費が大幅UP

車を買い換える場合、もとの車に固定資産としての残存価額があることがあります。車（普通車）は耐用年数が６年ですので、６年間で減価償却するのですが、６年が経過する前に車を買い換えるときには、減価償却しきれないことになります。減価償却が全部終わらずに帳簿上に資産として残っている価額が、「残存価額」です。

もし車に残存価額があるなら、その車を下取りに出したときの売却額と差し引きすることになります。

売却額のほうが高ければ、会社に利益が出たということになり、売却額から残存価額を差し引いた額を「固定資産売却益」として計上することになります。逆に、**残存価額のほうが高ければ、売却額との差額分は会社が損をしたということになり、「固定資産売却損」を計上する**ことになります。

残存価額 < 下取り価額 → 固定資産売却益 となり収益計上する

残存価額 > 下取り価額 → 固定資産売却損 となり経費計上する

そして、**車を買い換える際には、おおかたの場合、「固定資産売却益」ではなく、「固定資産売却損」となります**。中古車の下取りは、だいたい低めの価格になりがちで、帳簿上は、けっこう残存価額があっても、実際に下取りに出せば、かなり安い価格になることが多いものです。

固定資産売却損が出れば、その分、経費が膨らむことになります。

たとえば、もとの車の帳簿価額（残存価額）が100万円あったとします。その車を買い換えたときに50万円で下取りされました。となると、帳簿価額100万円－売却額50万円で、差し引き50万円の固定資産売却損が出ます。つまり、車を買い換えるだけで50万円の損金を計上できるわけです。これに、買い換えた新しい車の減価償却費もプラスされます。

180ページに出てきた、200万円の新車を期中の７カ月目に購入した例でいくと次のような算式になります。

33万3000円	＋	約10万円	＋	50万円	＝	約93万3000円
（減価償却費）		（車にかかる税金）		（固定資産売却損）		（経費計上額）

新車単体での１年目の経費計上額は43万3000円ですが、買い換えることで、合計で約93万3000円の経費（損金）を計上できるというわけです。車の買い換えは有効な武器ということを、ご理解いただけたのではないでしょうか。

もちろん、車の買い換えをするのですから、経済的な面だけを見れば、よくはありません。まだ使える車を下取りに出して新しい車を買うわけですから、会社の経済効率は下がることになります。ですが、いい車に乗ることで会社のイメージがよくなることもありますし、車好きの社長なら、社用車がいい車ならモチベーションアップにもなるのではないでしょうか。カンフル剤として検討してみるのもいいかもしれません。

業種によってはイメージアップの逆もあります。特に営業関係の仕事で使う車がゴージャスだと、「コイツのところは儲けてる。わざわざここから買わなくていいか」と、やっかみを受けることもあるかもしれません。

帳簿価額とは、その資産の会計上の価額のことで、取得価額から減価償却費などを差し引いた額です。帳簿価額と市場価額は必ずしも一致しません。

06 社長が高級外車に乗るのには合理的な理由がある

中古車は新車よりもさらに節税効果が高くなります。特に中古の高級外車は、会社にとって使い勝手のいいアイテムになります。

新車と中古車では1年目の減価償却費が3倍違う

車を買うこと、買い換えることは有効な節税策と紹介してきましたが、**車の中でも、特に中古車は非常に効率のいい節税ができます。**

中古資産は、新品を買ったときよりも耐用年数が短くなります。耐用年数が短いということは、1年間に計上できる減価償却費がそれだけ大きいということです。中古資産の耐用年数は次の計算方法で算出されます。

（耐用年数 － 経過年数） ＋ （経過年数 × 20%）

たとえば、5年落ち（5年経過）の普通車の中古車を買った場合は次のような計算になります。

（耐用年数6年 － 経過年数5年） ＋ （経過年数5年 × 20%） ＝ 2年

1年未満の端数が出た場合は切り捨てとなり、**最短の耐用年数は2年**です（計算で2年以下になった場合は、「2年」が耐用年数になります）。

ざっと中古車の耐用年数を並べてみると185ページの表のようになります。**4年落ちの中古車を買えば、耐用年数は2年となるので、これが減価償却費ではもっとも有利になります。**これ以上古いものを買っても耐用年数は減りません。耐用年数が減らないということは、償却率が変わらないということです。ですから、**4年落ちの中古車は、もっとも早く減価償却ができて、かつ、まだ価格もそれほど落ちていない固定資産**ということになります。

中古車の耐用年数

年　式	耐用年数
1年落ち	5年
2年落ち	4年
3年落ち	3年
4年落ち	2年
5年落ち	2年
それ以上古いもの	2年

耐用年数が2年ということは、定率法では償却率は1.000です。つまり、**1年目に全額を経費に計上できる**ということです。もちろん、期中で購入した場合は、使用した月数で按分しなければいけませんが、それでも2年目までに、すべて減価償却してしまえるのです。

たとえば、200万円で車を購入する場合、新車と中古車ではどう違うかを比べてみましょう。

先ほどと同じく、200万円の新車を期中の7カ月目で購入した場合、その年に計上できる減価償却費は33万3000円です。一方、200万円の5年落ちの中古車を期中の7カ月目で購入した場合は次のようになります。

$$200万円 \times 償却率1.000 \times \frac{6カ月}{12カ月} = 100万円$$

中古車の減価償却費は1年目から100万円で、実に新車の3倍になっていることがわかります。

まだ価格があまり落ちていない4年落ちの中古高級車を買えば、1年目に多額の減価償却費を計上できます。期中で急に儲かった年などの対策としては打ってつけだといえます。

いまも昔も社長がベンツを好むワケ

中古車の中でも、もっとも節税効率がいいのは中古の高級外車です。

特に、中古ベンツは昔から強力なアイテムとされてきました。成功した社長が最初に乗る高級車は、ベンツがもっとも多いとされています。

なぜ中古ベンツが強力な節税アイテムなのか、その理由を説明しましょう。

中古ベンツが節税効果が高い理由は、まずその耐久性にあります。ベンツの魅力は、なんといっても優秀な性能ですが、それと同時に丈夫で長持ちという強みもあります。

この「丈夫で長持ち」は、節税で大きな意味を持ちます。ポイントは、**中古であっても値があまり下がらない**ということです。たとえば、2016年モデルの「メルセデス・ベンツ Cクラスクーペ」は、新車時には620万円程度で売られていましたが、それから５年以上たった執筆時点では、中古車が350万円くらいで売られています。

つまり、５年以上経過しても価格は４割くらいしか下がっていないのです。これは節税上、非常に有利になります。

というのは、４年落ちのベンツを買えば耐用年数は２年なので、最初の１年間で全額を減価償却できてしまいます。仮に1,000万円の中古ベンツを買ったとしても、２年目には帳簿上の価値がゼロになってしまうのです。

ですが、４年落ちの1,000万円のベンツに数年間乗ったとしても、市場価値はまだまだあります。少なく見ても500万円、状態がよければ800万円くらいの価格で売れるかもしれません。

ということは、経費として1,000万円を計上しているのに、実際には500万円から800万円の資産が残っているということになります。

「含み資産」は会社にとってのお守りのようなもの

中古ベンツを購入し、減価償却が終わってしまうと、帳簿上の資産としてのベンツは消滅します。つまり、帳簿上の価値はゼロということです。

しかし、中古ベンツは耐用年数が過ぎても、市場価値は大きく残っています。**これは、いってみれば「含み資産」**です。この固定資産における「含み資産」は、現在の税法では計上しなくていいことになっています。ですから、会社にとっては、"裏金"を500万円から800万円持っているのと同じことなのです。

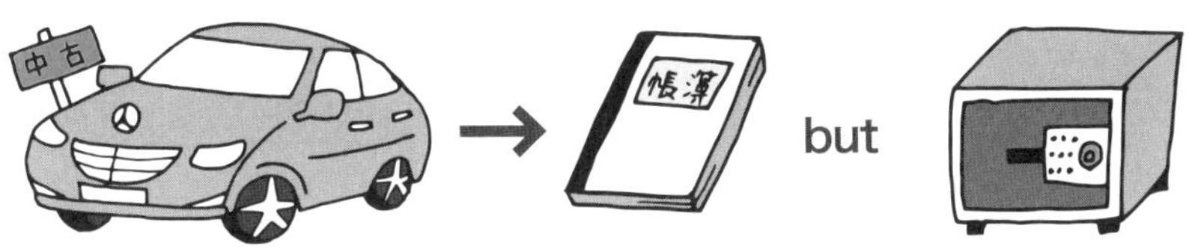

4年落ちの中古ベンツ
耐用年数2年
॥
定率法の償却率1.000

1年で減価償却が終わり
帳簿上の価値はゼロに

実際は
多額の「含み資産」が
残る

中古ベンツのように耐用年数が過ぎても市場価値が残るもの、つまり「含み資産」になるものは、会社の財務運営の上で非常に重要なアイテムになります。

儲かったときにはベンツを買って節税し、会社が赤字になりそうなときにはベンツを売り払ってしまえばいいわけです。もちろん、ベンツを売ったときには、収益として売却益を計上しなければいけませんが、そのときは会社の儲けが出ていないときですから、節税のことは考えなくてもいいというわけです。

ベンツをはじめとする中古の高級外車は、会社が儲かったときの「調整弁」になると同時に、収益が落ち込んだときの「保険」にもなります。

固定資産の帳簿価額が市場価額よりも低い場合、資産を保有している間は、その差額を収入として計上する必要はありません。資産を売却したときに売却益として計上すればいいのです。

07 2ドアの車でも経費で落とせる

「2ドアの車は会社の経費で購入できない」というのは都市伝説です。条件をクリアしていれば、2ドアの車も会社の経費になります。

2ドアの車が認められる条件

経理担当者や税務関係者の間には、長いこと、こんな都市伝説がありました。

「2ドアの車は社用車にできないから、会社の経費にはならない」

経理界隈では、かなり以前からいわれていたことなのですが、15年ほど前に、とある本が大ベストセラーになったことで、さらに広まったようです。

しかし、**実のところ、これは誤解に過ぎません。**

なぜ2ドアの車はダメといわれるようになったのかというと、2ドアの車は後部座席にお客さんを乗せることができない、社用車は、お客さんを乗せるためにあるのだから、2ドアの車はNG、というわけです。

しかし、判例によって、この都市伝説は明確に覆されました。

ある会社の社長が2ドアの車を社用車としていましたが、税務署がそれを否認したため、裁判で争うことになったのです。

この社長は、2ドアの車を出勤や出張に使っており、「会社の業務で使っているのだから社用車として認められるべきだ」と訴えました。そして、この社長の言い分が通る判決が言い渡されました。この社長は、プライベート用に別の車を持っており、2ドアの車は業務で使っていることがはっきりしたからです。

税務署側の主張は次の2点でした。

「2ドアの高級車を会社の業務で使っているわけがない」

「ほとんどプライベートで使っているはずだから、会社のお金で買うのはおかしい」

しかし、この社長はプライベート用の車を別に持っていましたし、２ドアの車はきちんと会社の業務で使われていることが立証されたため、社長の訴えが認められることになりました。

つまり、**２ドアの車であっても、会社の業務で使用してさえいれば、立派に社用車として認められる**わけです。

裁判では、次の２点をポイントとして社長の主張が認められました。

❶
車を出勤などの会社の業務で使っていたこと

❷
プライベート用には別の車を持っていたこと

社用車というのは、顧客を乗せるためだけではなく、役員や従業員が移動のために使うことも認められています。仮にスポーツタイプの車であったとしても、立派にその役目を果たしていれば、社用車として扱われるということです。

つぶやき

2ドアの車でも、条件さえクリアしていれば社用車とすることができます。車好きの社長さんが、会社が儲かったから車を買いたいとなったとき、2ドアの高級車を選択肢に入れてもNGではありません。

税務には都市伝説がいくつもあります。たとえば「個人事業者が法人成りすれば必ず税務調査が来る」などともいわれますが、これも都市伝説の類に過ぎません。

設備投資を考えているなら、この特別税制

中小企業が新たに機械や車などを購入したとき、最初の年にたくさん減価償却費が取れる制度があります。

減価償却費を大きく上乗せできる

中小企業には特別な税金軽減制度がいくつかあります。その1つが、**「中小企業投資促進税制」**です。

これは**青色申告をしている中小企業が一定の機械や車両、ソフトウェアなどを購入した場合、購入して使用を開始した年に、通常の減価償却費に加えて、取得価額の30%を上乗せして特別償却ができる**というものです。

対象になるのが機械で160万円以上、ソフトウェアで70万円以上と少々値は張りますが、設備投資を考えている経営者には、ぜひ頭に入れておいてもらいたい制度です。

資本金の額が3,000万円以下の中小企業の場合は、税額控除を選択することもできます。これは、**機械などの取得価額の7％を法人税額から差し引ける（控除できる）**というものです。ただし限度額があり、差し引けるのは法人税額の20%まで、となっています。

中小企業投資促進税制は時限的なもので、現在のところ令和5年3月31日までとなっていますが、今後延長される可能性もあります。

中小企業投資促進税制

受けられる条件
- ☑資本金1億円以下で大企業の子会社ではないこと
- ☑青色申告をしていること
- ☑新品の機械や車両などを購入していること

30%の特別償却というのは、通常の減価償却と合わせると
だいたい取得価額の半分以上を購入した年に償却できることになります。

対象となる機械や車両

❶ 機械および装置で1つの取得価額が160万円以上のもの
❷ 製品の品質管理の向上などのための測定工具や検査工具で、1つの取得価額が120万円以上のもの
❸ ❷に準じるものとして測定工具、検査工具の取得価額の合計額が120万円以上であるもの（1つの取得価額が30万円未満であるものを除く）
❹ ソフトウェア
次のうちいずれかのもの
・ソフトウェアの1つの取得価額が70万円以上のもの
・その事業年度に事業の用に供したソフトウェアの取得価額の合計額が70万円以上のもの
❺ 貨物の運送に使われる車両や運搬具で車両総重量が3.5トン以上のもの（小型トラック以上の大きさの車両）
❻ 国内の海運業に使われる船舶（ただしリース業は不可）

特別償却額

☑ 取得価額の30%
船舶の場合は取得価額の75%の30%が償却限度額となる

税額控除額（資本金3,000万円以下の中小企業が対象）

☑ 取得価額の7%
法人税額の20%が限度額となる

つぶやき

特別償却と税額控除は同時に受けることはできません。税額控除が受けられる資本金3,000万円以下の中小企業は、特別償却にするか税額控除にするかを選択することになります。

防災、感染症対策でも税金が軽くなる

中小企業が防災や感染症対策のために一定の設備投資をすると特別償却が受けられます。これを「中小企業防災･減災投資促進税制」といいます。

防災意識が高い会社のための優遇税制

もともと日本は自然災害が多発する国です。さらに、新型コロナウイルスによって感染症の脅威も間近にあるのだと痛感することになりました。自然災害や感染症の対策のために中小企業が設備投資をした場合に、特別に減価償却費を増額できる**「中小企業防災・減災投資促進税制」**という制度があります。

たとえば、自家発電装置が対象になります。地震や台風、大雨のときなどにたびたび停電が発生していますが、温湿度管理が必要な業種などでは大きな打撃となってしまうケースもあるでしょう。自家発電装置を検討している会社は、ぜひ中小企業防災・減災投資促進税制とセットで考えるようにしてください。

認定される機器や設備の範囲は、「自然災害を軽減する機能を持つもの全般」となっており含みを持たせています。**購入を計画している機器などが該当するかどうかは、経済産業省の出先機関である経済産業局に確認する**のが確実です。

経済産業局の認定を受けることが必要

中小企業防災・減災投資促進税制は、**中小企業が防災のための機器を買ったり設備投資をすれば、通常の減価償却に加えて、その取得価額の20%を特別に償却できます**。前項の中小企業投資促進税制と同じで、購入した年に、より多くの損金（経費）を計上できるというわけです。

ただし、この特別税制を受けるには少し手間がかかります。

事業継続力強化計画もしくは連携事業継続力強化計画という書類を作成して経済産業局に提出し、認定を受けなくてはなりません。この計画の中で、防災のための設備投資について具体的に記載します。そして経済産業局から認定を受けた上で1年以内に対象となる防災機器などを購入し、税務申告で特別償却を行うという流れになります。

中小企業防災・減災投資促進税制

受けられる条件

☑ 資本金1億円以下で大企業の子会社ではないこと
☑ 青色申告をしていること
☑ 防災のための設備、機器などを購入していること

対象となる設備など

機械および装置（100万円以上）	自家発電設備、浄水装置、揚水ポンプ、排水ポンプ、制震・免震装置（そのほかこれらと同等に、自然災害の事業に与える影響を軽減する機能を有するもの）
器具および備品（30万円以上）	・自然災害を軽減するためのすべての器具、備品 ・感染症対策のためのサーモグラフィ、そのほか感染症対策のための器具、備品など
建物附属設備	自家発電設備、キュービクル式高圧受電設備、変圧器、配電設備、電力供給自動制御システム、照明設備、無停電電源装置、貯水タンク、浄水装置、排水ポンプ、揚水ポンプ、格納式避難設備、止水板、制震・免震装置、架台、防水シャッター（そのほかこれらと同等に、自然災害の事業に与える影響を軽減する機能を有するもの）

表面温度をすばやく計測できるサーモグラフィは、多くの人が出入りする会社では取り入れていることも多いと思います。中小企業防災・減災投資促進税制の対象ということを覚えておいてください。

事業継続力強化計画は1つの会社が単独で行うもの、連携事業継続力強化計画は複数の会社が協力して行うものです。

Part5のフリカエリ

定額法か定率法かは資産ごとに定められていることがある。建物や構築物などの不動産設備は定額法で減価償却をする。

車は新車でも耐用年数が短く、値も張る。全国どこでも買えるものなので、「今年は儲かりそうだな」というときに役に立つアイテム。

車の買い換えで、もとの車が「残存価額＞下取り価額」の場合、会社の損になるので、固定資産売却損を計上する。

中古資産は新品よりも耐用年数が短くなる。中古車なら、3年落ちで耐用年数3年、4年落ちで2年。4年より古くなると耐用年数は一律で2年。

中古の高級外車は、減価償却が終わっても市場価値が残っている「含み資産」状態になりやすい。「含み資産」は売却しなければ課税されない。

中小企業投資促進税制の特別償却を使うと、1年目に取得価額の半分以上の減価償却費を計上することもできる。

自然災害や感染症対策のために新たに設備を導入するときは中小企業防災・減災投資促進税制。

Part 6

消費税でも積極的にトクをする

10%にとどまらず、
消費税増税はまだ続くという声も。
インボイス制度によって、
消費税はより
真剣に向き合わなければいけないものに。
消費税の理解は、多くの会社にとって欠かせません。

01 消費税で自腹を切らないといけないケースは多い

消費税は会社にとって大きな負担です。会社が納付する消費税は、経理の方法によって大きく変わってきます。

消費税は誰が払うもの？

会社の税金を考える際には、**消費税**のことも考えておかなければいけません。

普通の人であれば、消費税はモノを買うときに支払う税金という意識しかないでしょう。でも、経営者にとっては、消費税はモノを買ったときに払うだけのものではなく、税務署に納付しなければならないものになります。

ある程度継続して事業を行っている事業者は、消費税を納税しなければいけません。

原則として、資本金1,000万円未満の中小企業の場合、開業して最初の２年間は消費税が免税になります。しかし、開業した最初の年に売上が1,000万円超あれば、３年目からは消費税を払わなければなりません。前々年の売上が1,000万円超になれば消費税の納付義務が生じるという仕組みです。消費税の納税義務がある事業者を**「課税事業者」**、納税義務がない事業者を**「免税事業者」**といいます。

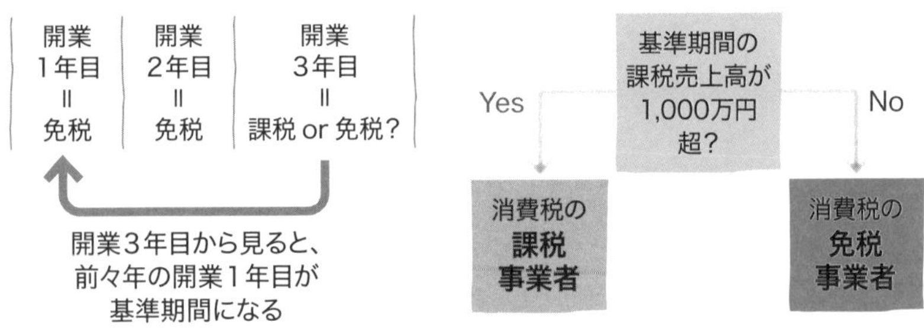

そして、**消費税というのは、中小企業にとって大きな負担になるもので**

す。消費税は、価格に上乗せされる税金であり、建前上は「消費者が負担するもの」となっています。しかし、実際のビジネスでは、必ずしもそうではありません。実質的に、事業者側が負担しているケースが少なくないのです。それは消費税の仕組みを考えれば、すぐにわかります。

消費税を実際に納付するのは、事業者です。そして**事業者は、自分の手元にある売上金の中から消費税を納付します**。消費税は、その税金分を価格に転嫁することになっていますが、それができない場合も多いものです。**中小企業の場合は特にそう**です。

たとえば、建築の下請けをしている会社が、元請業者から「200万円でやってくれ」と発注されたとします。

この200万円には、果たして消費税が含まれているのかどうか。普通に考えれば、200万円プラス10%の消費税で請求書を出すはずです。しかしもしかしたら、元請業者からこういわれるかもしれません。

「200万円は、消費税も込みの金額だ」

そういわれてしまえば、消費税分は削るしかありません。

こういうケースは少なくありません。ライターである筆者は、出版社から原稿料や印税を受け取りますが、本来は原稿料や印税に加えて、消費税をもらっていいはずです。でも、事実上、支払いは出版社側の意向で決められます。消費税分を払ってくれない出版社があったとしても、なかなか言い出すことができません。その一方で、売上に応じて税務署に消費税を納付しなければなりません。つまり、**自腹を切ることになります**。

こんな厄介な消費税ですが、計算の仕方などによって節税できる余地があります。それを見ていくことにしましょう。

消費税が10%ということは、モノやサービスの値段を10%引き上げるということで、実質的に値上げになります。その値上げ分を税金として徴収するのが本来の消費税の趣旨です。

建前は「消費者が負担」なのですが、実際に消費税を納付するのは事業者です。事業者は、預かり消費税を含む手持ちのお金から支払うので、資金繰りが苦しくて消費税を納付できないケースも出てきます。

02 インボイス制度は中小企業の免税特権を奪う

令和５年10月から消費税にはインボイス制度が導入されます。インボイス制度は、これまで消費税を免除されていた中小企業に大きなダメージを与えるものです。

免税事業者の多くが課税事業者にならざるを得ない

「インボイス制度」は、事業者が消費税の仕入税額控除をする際に、モノやサービスの代金を支払った相手方から消費税の税額の明細が記載された**「適格請求書（インボイス）」**を受け取らなければならない、というものです。

適格請求書を発行するには、課税事業者でなくてはなりません。免税事業者は適格請求書の発行ができません。適格請求書には次の項目を記載します。

❶ 適格請求書発行事業者の氏名または名称、登録番号
❷ 取引年月日
❸ 取引内容（軽減税率の対象品目である場合はその旨も記載）
❹ 税率ごとに合計した対価の額と適用税率
❺ 消費税額
❻ 適格証明書の交付を受ける事業者の氏名または名称

前項で述べたように、消費税には売上1,000万円以下の事業者は納付が免除されるという制度がありました。しかし、令和５年10月からのインボイス制度導入によって、消費税免除を受けられない事業者が大量に発生すると見られています。

インボイス制度のもとでは、適格請求書がなければ仕入税額控除をすることができなくなります。消費税は、顧客から預かった消費税額をそのまま納付するのではなく、「売り上げたときに預かった消費税」から「仕入

れのときに支払った消費税」を差し引いた残額を納付します。この差し引ける分の消費税が**「仕入税額控除」**です。

仕入税額控除として支払った消費税額を差し引くためには、適格請求書が必要となるのです。適格請求書がなければ、事業者が消費税を支払っていたとしてもその分を差し引くことができなくなります。ですから、**事業者同士で取引する場合は、当然、相手方に適格請求書を求めることになります。**

そして、適格請求書は課税事業者でないと発行できません。売上1,000万円以下の免税事業者が適格請求書を発行するためには、免税の権利があるのに、あえてその権利を捨てて課税事業者にならなくてはならないのです。

たとえば、売上が1,000万円以下のフリーライターがいたとします。このライターは事業を会社でしています。このライターの会社の売上は1,000万円以下なので、本来、消費税は納付しなくていいのです。しかし、取引先の出版社から「適格請求書を出してほしい」と求められたため、ライターの会社はあえて消費税の課税事業者になる選択をしました。そうしないと今後、仕事を発注してもらえなくなるかもしれないからです。

顧客が事業者ではなく、顧客から適格請求書を求められないような場合は、免税事業者があえて課税事業者になる必要はありません。たとえば、大衆的な食事処などでは、お客さんから適格請求書を求められるようなことはほとんどないでしょう。なぜなら、ここでのお客さんは「事業者」ではなく「消費者」の立場だからです。それに対して顧客が事業者であれば、今後は適格請求書を求められるでしょう。同じ飲食店でも会社が接待で使うようなお店では、適格請求書の発行が必要になるはずです。

いちおう経過措置期間が設けられています。免税事業者からの仕入れ（モノやサービスを買った場合）でも、令和5年10月から令和8年9月30日までは80％まで仕入税額控除ができ、令和8年10月から令和11年9月30日までは50％まで仕入税額控除ができる、というものです。

適格請求書に記載する項目は決められていますが、フォーマットに決まったものはなく、自分で作成します。 会計事務所のウェブサイトなどでフォーマットが公開されているので、それを利用してもいいでしょう。

消費税を4年間支払わずに済ませる方法

同じ事業をしていても、会社と個人はまったく別ものとして扱われます。顧客から適格請求書を求められない事業者は、この仕組みを利用して消費税の免税期間を延ばすことができます。

2年間の空白期間

消費税は、基本的に、年間売上が1,000万円を超える事業者が払うものです。

売上が1,000万円を超えるかどうかは、前々年の売上をもとに判定します。その年の売上が1,000万円超になるかどうかは、決算期が終わるまでわかりません。でも、消費税の納付事業者になるかどうか、決算期が終わるまで不明となると非常に不便です。消費税を納付することになれば、いろんな経理処理が必要になりますからね。そこで、**消費税の納税事業者になるかどうかは、前々年の売上を基準にして事前に判定する**というわけです。

しかし、事業を始めたばかりの会社なら前々年の売上がありません。そういう場合はどうなるかというと、２年間は消費税が免除されます。つまり、開業してから２年以内の事業者は消費税を納めなくていいのです（ただし、これは資本金1,000万円未満の会社の話で、資本金1,000万円以上の会社は１年目から消費税を納めます）。

法人成りすると個人事業の売上は対象外になる

普通にやっていても最初の２年間は消費税を払わなくていいのですが、ある方法を使うと、さらに２年間、消費税が免税になります。

それは、**最初の２年間を個人事業者として事業を行い、３年目に法人化する方法**です。こうすると、最大で４年間、消費税が免除されることになります。

21ページで、個人事業と会社では、似たような事業をしていたとしても、税法上はまったく別個の扱いを受けると述べました。**それは消費税にもあ**

てはまります。

たとえば、毎年3,000万円の売上がある個人事業者が資本金1,000万円未満の会社を作ったとします。毎年3,000万円の売上があれば、本来は消費税を払わなければいけません。でも、この会社は、はじめの２年間は消費税を払わなくていいのです。個人事業者のときに売上が3,000万円あったとしても、法人化すれば、その3,000万円は算入されません。会社というのは、あくまで登記してから存在するものであって、登記以前のことは、まったくなかったものとされるからです。

ですから事業を始めるとき、個人事業者でスタートして、２年後に資本金1,000万円未満の会社を作れば、４年間は消費税が免除されることになります。これは違法でもなんでもない、合法的な節税方法の１つです。

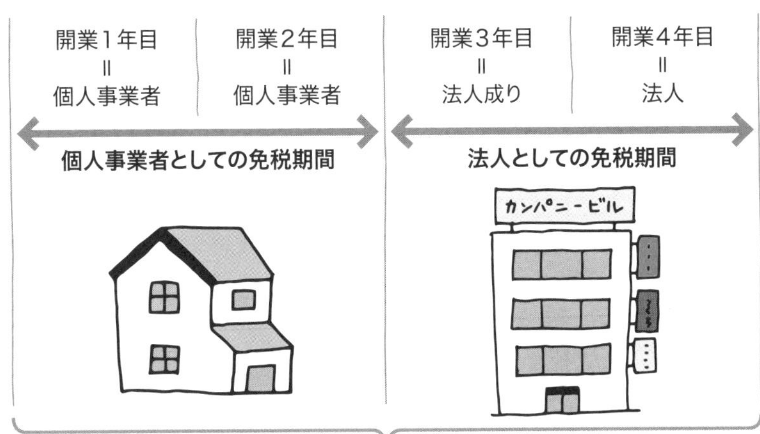

ただし、この方法が使えるのは小売業、飲食業、理美容業、ネット通販業など、個人のお客さんが相手で、適格請求書を発行しなくていい事業者だけです。会社をお客さんにしている事業者はインボイス制度により事実上、免税期間がないのでこの方法は使えません。

消費税の納付額は、売上時の「預かり消費税」から経費の「支払い消費税」を差し引いて算出します。経費の中には、消費税がかかっていないものもあり、その仕分けなどの処理が必要になります。

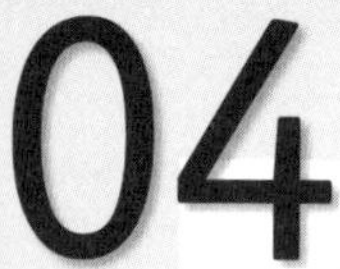

簡易課税でトクする会社と損する会社

中小企業は簡易課税という消費税計算方法が認められています。これを選択すると有利になる会社が多いのですが、そうでない会社もあります。

簡易課税なら面倒なところをスルーできる

消費税の大きな特徴として、**「簡易課税」**というものがあります。

消費税は、売ったときに消費者から預かった消費税から、仕入れなどのときに支払った消費税を差し引いた残額を税務署に納めます。

でも、支払った消費税をいちいち計算するのはかなり面倒です。経費の１つひとつをチェックしないといけませんし、経費の中には消費税がかからないものもあります。たとえば、人件費や土地代などです。これらの細かい計算をすることは、忙しい中小企業の経営者にとって大きな負担になります。

その救済措置として、**年間売上が5,000万円以下の事業者には、簡易課税という計算方法が認められています。**

簡易課税は、支払った消費税をいちいち計算せずに、支払い消費税の額を、**「みなし仕入率」**を使って簡易的に計算してもいい、という制度です。

売上に対して「みなし仕入率」をかけることで、ほぼ自動的に仕入経費での支払い消費税額が算出されます。売上だけが確定すれば、あとは自動的に消費税の納付額がはじき出されるのです。

これによって、消費税計算の中の「仕入れで支払った消費税額」を算出する部分をスルーできます。ここは一番面倒な部分なので、消費税計算が相当にラクになります。

通常の消費税の計算過程

売上で預かった消費税を算出する

↓

仕入経費などで支払った消費税を算出する

↓

預かり消費税から支払い消費税を差し引いて納付消費税を算出する

簡易課税の消費税の計算過程

売上で預かった消費税を算出する

↓

自動的に、支払い消費税と納付消費税が算出される

みなし仕入率は、業種によって次のように決められています。

簡易課税のみなし仕入率

業　種	仕入率
卸売業	90%
小売業	80%
製造業、建設業	70%
飲食業	60%
金融・保険業、運輸通信業、サービス業（飲食業を除く）	50%
不動産業	40%

消費税は「何かを消費したときに課せられる」という建前があるので、人件費や地代には消費税がかけられていません。人の労力や土地は消費できない、という考え方です。

たとえば、2,000万円の売上がある小売業者の場合、簡易課税を使えば次のような計算になります。小売業者のみなし仕入率は80%なので、2,000万円の80%が仕入れとみなされます。つまり、仕入れは1,600万円と自動的に決められるわけです。売上2,000万円なので、預かり消費税は200万円です。支払い消費税は、みなし仕入額（1,600万円）に税率をかけて算出されます。みなし仕入額1,600万円×10%で、160万円になります。預かり消費税－支払い消費税は200万円－160万円で、40万円を納付すればいい、となります。

みなし仕入率はいつも有利？

簡易課税は計算が簡単ですし、**みなし仕入率も、かなり事業者に有利にできています**。たとえば、小売業でも、実際は仕入率が80%になることなどはめったにありません。仕入率というのは、単に商品を仕入れるときの原価率のことではありません。事務費用など経費全体を含めたものが仕入率です。それを考慮すると、**簡易課税のみなし仕入率は、実際よりもかなり高めに設定されているといえます**。ですから、年間売上が5,000万円以下の会社は、通常は簡易課税を選択するのが吉となります。

しかし、**簡易課税を選択しないほうがいい場合もあります**。たとえば、「薄利多売」を旨としている小売業者の場合。この会社は、仕入値に10%程度の利益を乗せて売っているとします。このような場合は、みなし仕入率で設定されている仕入率80%を超えることもあります。つまり、簡易課税で設定されているみなし仕入率よりも、実際の仕入率が高いような事業者は、簡易課税を選択するより、仕入額をきちんと積み上げて計算したほうが消費税が安く済むのです。

また、みなし仕入率が低く設定されている業種で、実際はもっと仕入率が高い事業者なども簡易課税は損になります。たとえば、デザイン業務などをしている会社の場合。これはサービス業にあたるので、みなし仕入率は50%しかありません。デザイン業務などは人件費の割合が高く、仕入れなどは少ないので、通常であれば簡易課税を選択したほうがいいでしょう。しかし、作業のほとんどを外注に出しているような会社なら、仕入率、経費率が非常に高くなるはずです。

先ほど、人件費には消費税がかからないと述べました。人件費は、消費税の仕入額に算入することはできませんが、外注費ならば算入することができます。ですから、サービス業でも、**人件費の割合が少なく、外注費の割合が多いような場合は、簡易課税を選択しないほうが有利になる可能性があります**。昨今ではサービス業でも、自社ではあまり人を雇わずに外注を多用する会社が増えています。そういう会社は特に注意してください。

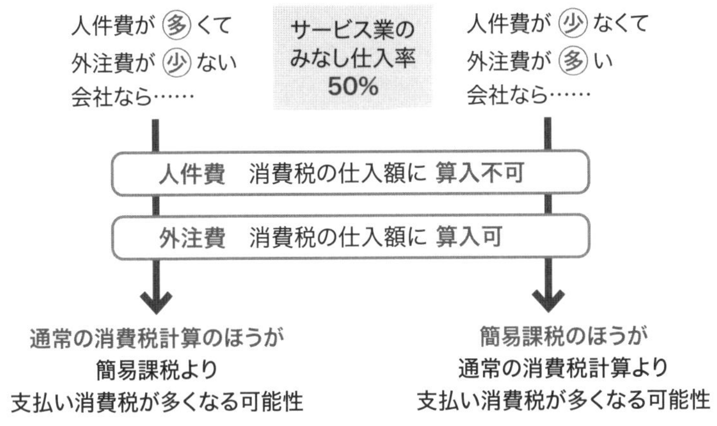

簡易課税にしたい会社は、事業年度が開始する前までに「簡易課税制度選択届出書」を税務署に提出します。ただし、簡易課税は一度選択すると２年間は変更できません。簡易課税のほうがトクになるかどうか事前の検討が必要です。

簡易課税を選択した場合は、経費の支払先から適格請求書を受け取っても受け取らなくてもかまいません。簡易課税なら仕入税額控除の計算をしなくても、ほぼ自動的に消費税の納税額が決まるので、適格請求書は関係なくなるからです。小さな会社にとっては事務処理がラクになります。

消費税の節税になる人件費の払い方

消費税は、売上に応じて自動的に払わなければならないものと思われがちですが、会社の経理方法によって節減することができます。

消費税を自力で減らすには？

消費税は間接税であり、税負担するのは消費者です。事業者は、売上時に消費者から預かった消費税を税務署に納付するという建前になっており、事業者が消費税を節減する余地などはないと思われがちです。

しかし、**事業者も経理のやり方によっては消費税の額を減らすことができます。**

消費税の納税額は、売り上げたときに預かった「預かり消費税」から、仕入れや経費の支払いのときに支払った「支払い消費税」を差し引いた残額になります。

これは、ざっくりいえば、売上から経費を差し引いて、その残額に消費税率をかければ、消費税の納税額を算出できるということです。

式にすれば次のようになります。

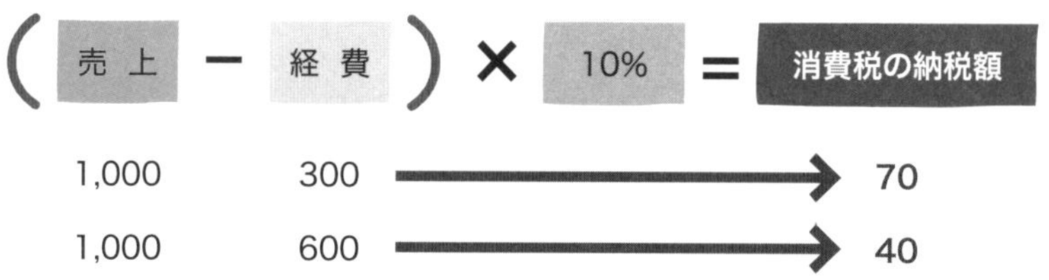

これを見ると、**納付する消費税を減らすには、経費を増やせばよい**ことがわかります。

人件費が多いと消費税はどうなる？

しかし、消費税を計算するとき、経費の全額を売上から差し引けるわけではありません。経費の中には、消費税がかかっているものとかかっていないものがあります。

消費税がかかっていないものの代表格は、人件費です。通常の事業者であれば、ほとんどの経費には消費税がかかっていますが、人件費にだけはかかっていません。ですから、**経費から人件費を差し引けば、だいたいの消費税額を計算することができます。**

ざっくりした納税額は、次の計算式で算出することができます。

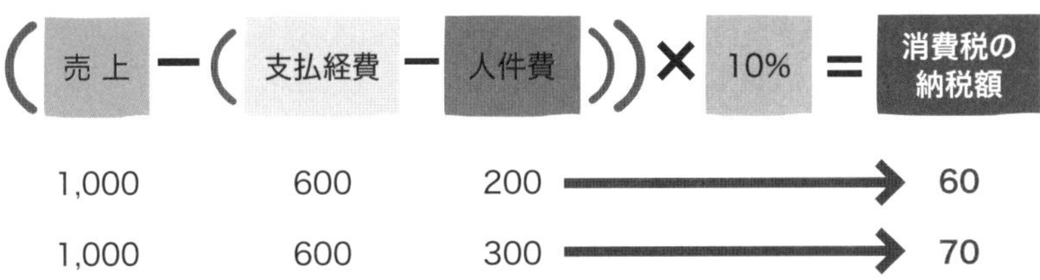

つまり、事業者にとっては、**経費の中で人件費の割合が高ければ高いほど、消費税の納税額は増える**ことになるのです。

福利厚生を充実させることで消費税が減る

しかし、です。

Part 4で説明したとおり、労働の対価を給与として払わずに、福利厚生費として従業員に経済的な利益を与えれば、それは人件費ではなく、ただの経費として扱われます。そして、**ただの経費であれば、消費税の計算時にも売上から差し引くことができます。**

福利厚生費のほとんどは、経費の中に含めることができます（一部、含まれないものもありますが）。

ですから、**給与を減らし、その分の経済的利益を福利厚生でカバーすることができれば、会社が納付する消費税の額を減らせます。**

たとえば、10億円の売上がある会社があったとします。経費は８億円で、そのうち４億円が人件費です。

この会社の消費税は次のようになります。

（売上 10億円 －（経費 ８億円 － 人件費 ４億円））× 10%
＝ 納付する消費税 6,000万円

この人件費を４億円から３億円にし、その分を人件費以外の経費に振り分けたとしましょう。消費税の計算は次のようになります。

（売上 10億円 －（経費 9億円 － 人件費 ３億円））× 10%
＝ 納付する消費税 4,000万円

このように、人件費を福利厚生費などに振り替えることができれば、その振り替えた分だけ消費税が節税できることになります。

人件費を減らして、その分、福利厚生費を充実させれば、従業員の所得税、住民税が大幅に安くなるということを述べましたが、このように会社側にとっても消費税の節減になるのです。また、会社、従業員双方の社会保険料の節減にもなります。

簡易課税ではダメなことに注意

福利厚生費を使って消費税を節税しようとする場合は、先ほど紹介した簡易課税を選択してはいけません。

簡易課税では、売上に応じて自動的に消費税の納税額が決められてしまいます。**福利厚生費をいくら増やしても、消費税の納税額は変わらない**のです。

ですので、**この節税策を使う場合は、「本則課税」と呼ばれる、本来の消費税の計算を選択しなければいけません**。

本則課税は、経費にかかった消費税をすべて抽出して、売上時に預かった消費税から差し引く計算方法です。非常に面倒そうですが、実際は、経費のほとんどに消費税がかかっているので、人件費など消費税のかからない経費だけを差し引いて、売上－残りの経費に10%をかければ算出できます。

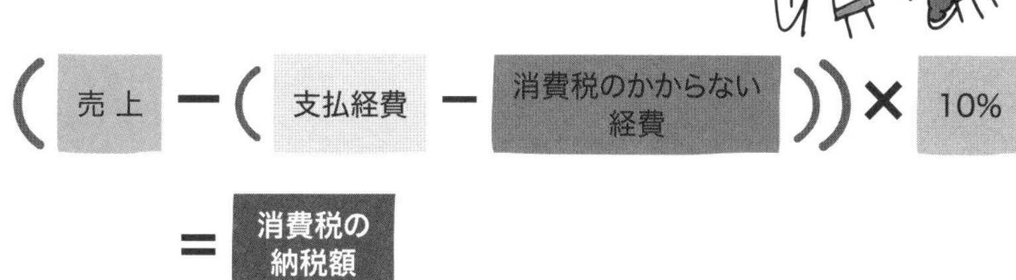

こうして見ていくと、**消費税というのは、会社にとって人件費を下げる圧力があることがわかります。**

人件費は課税仕入れになりませんが、外注費は消費税の課税仕入れになります。つまり、人件費を増やすと消費税の納税額が上がるので、会社としては、人件費を削って外注費を増やすほうが合理的となるのです。

派遣社員などの非正規社員の増加が、ずいぶん前から問題視されていますが、これは消費税の存在と無関係ではありません。日本で派遣社員が増え始めたのは90年代以降のことですが、それは消費税の創設や消費税の税率アップとリンクしているのです。

この先また消費税の税率を上げれば、企業はさらに正社員を雇わなくなり、派遣社員や外注を増やすことになります。消費税アップは、消費に冷や水を浴びせるだけではありません。筆者は、経済政策としてはぜったいに間違っていると思います。

Part6のフリカエリ

中小企業の場合、実質的に消費税を払ってもらえなくても、納税は必要なので、しばしばその分は自腹になってしまう。

消費税の仕入税額控除をするには、適格請求書を受け取らなければならなくなるのがインボイス制度。

取引先から適格請求書を求められれば、それまで免税事業者だった中小企業も、あえて課税事業者にならざるを得ない。

会社と個人事業は、税法上では扱いが別になる。適格請求書を発行しなくていい事業者なら、これを利用すれば消費税を4年間スルーできる。

簡易課税のみなし仕入率は、高めに設定されていることが多い。消費税が圧縮されやすく、会社にとって有利にできている。

経費の中で人件費の割合が高いと、消費税の納付額は増える。人件費を福利厚生費などに振り替えれば消費税の節税になる。

「人件費・減」「経費・増」の節税策は簡易課税ではダメで、本則課税を選択しなければいけない。

巻末付録

税務署と
正しく向き合おう

税務署から何か指摘されたら
否も応もなく従わないといけない……。
いえいえ、そんなことはありません。
不正やごまかしなどしていない会社は、
税務署のいうことをうのみにせず
よく咀嚼してから対応するようにしましょう。

zzz
中華料理の山本さんのお店、突然、税務調査に入られたんですって
突然？

なんか急に税務署の人が来て、店のものを見せてくれって・・・
!?
中華
突然
失礼します
ガラッ

よく映画やドラマでやってるガサ入れみたいに？
そうみたい・・・
Inc

もしかして脱税していたとか
あそこのお店かなり繁盛してたし
コソッ

それが脱税なんてまったく。売上をごまかすなんてとんでもないって。だから山本さんの奥さんもいい迷惑だって
・・・
ノーノー

それなのに税務署の調査が突然……
ふむ…

うちにもいきなり税務署が来たりして
やっ、やめてよ。こわいじゃん
ニャー

カチャ
――なるほど。だいたいわかりました

税務調査っていきなりやってくることが多いんですか？

そんなことはありません。税務署が明確な脱税の証拠でもつかんでいない限り、だいたい事前に予告されますし、調査も納税者の同意を得て行われます

そうなんだ
ちょっと
ほっとしたね
う…うん…

でも 山本さんの
ところは 脱税なんて
何もしてないのに、
急に税務調査が
入ったん
ですよ

山本さんは 中華料理店
なんですよね。飲食店
などの現金商売の
場合は、予告なしで
税務調査が行われる
ことも あります

なぜ?
?

現金商売の 場合は領収書を発行しない
ことも 多いので、売上金を隠してしまえば
簡単に脱税できてしまいます。
そういう 事業者には予告なしでの
税務調査も
認められて
いるの
です
秘密の金庫
イヒヒ
ふむ ふむ…

いろんなものを調べようとしますが、通常は任意調査なので、「これは何ですか？」とか「ここを見ていいですか？」とかの断りがあります

＊有無をいわさず調べるなんてことはありません

＊「有無をいわさず」は悪質な事業者に対する強制調査

じゃあ 私たちみたいに銀行振込で取引をして、領収書のやりとりがあるようなところには予告なしで税務調査が来ることは、ない？

原則としてはそう考えてもらってOKです。税務署が、あなたたちのところは脱税しているという確たる情報をつかんだりしていない限りは、ね

交際費、ですか。具体的にどういうふうに？

山本さんのご主人、お酒飲むのが好きな人で。店員さんとか商店街の人とよく飲みにいってて。それで税務署から交際費が多すぎではないですかっていわれたそうなんです

仕方ないから、交際費を少なくした額で修正申告を出したんですって

修正申告

そうよ、
税務署から
いわれて
確定申告を
修正させられ
たって。
追徴分、たしかに
受領しました
追徴税も
20万円くらい
払った
そうよ

あなたも ここのところよく
飲み歩いて交際費で落としてる
じゃない。危ないからもうダメだよ！
ずず
ぼくが飲みに
いくのは仕事の
一環。いきなりもう
ダメって、そんなの
ないよ
Ind

まあまあ…
詳細までは
わからないので
断定はできませんが、
少しでも仕事に
関連する交際の
ための費用であれ
ば、接待交際費
として認められる
はずです

もし 接待交際費が
多すぎるという理由
だけで修正させたので
あれば、税務署は
やりすぎですね
Ind

接待交際費として認められる条件をクリアしているのなら、税務署は認めなければいけません。金額が多すぎるとかちょうどいいとか、そこは問題ではありませんから

修正申告というのは、
税務調査などで
税務署から指摘された
ことに納得がいったとき
自発的に提出するもので、
税務署には強制する権利は
ありません。ですから納得できなければ
修正申告は出さなくてもいいのです

修正申告

そんなことしたら
強制的に
課税されたり
しないんですか？

税務署が正しいときは、
更正処分といって強制的に
課税してくることもあります。しかし
交際費が多すぎるなどと
いうのは言いがかりに
すぎませんから、
それで更正処分
などはできません

ほ～

ふむふむ

納税者は
税務署に協力
しなければ
いけませんが、
だからといって
彼らのいうことを
100％うのみに
する必要はないと
覚えておいて
ください

索引

あ 行

か 行

さ行

た行

著者紹介

大村　大次郎（おおむら・おおじろう）

国税局に10年間、主に法人税担当調査官として勤務し、退職後、主にビジネス関連のフリーライターとなる。単行本、雑誌寄稿、ラジオ出演、フジテレビドラマ「マルサ!!」、テレビ朝日ドラマ「ナサケの女」の監修など。近年は税金関係のほか歴史分野の著作も多数手がけている。
著書に『あらゆる領収書は経費で落とせる』（中央公論新社）、『確定申告でお金を残す！元国税調査官のウラ技』『税金の表と裏の教科書』（技術評論社）、『脱税の世界史』（宝島社）など多数。

会社の税金
元国税調査官のウラ技　増補改訂版

2018年 8 月21日　初版　　第1刷発行
2023年 2 月23日　増補改訂版　第1刷発行

著　者　大村 大次郎
発行者　片岡 巌
発行所　株式会社技術評論社
　　　　東京都新宿区市谷左内町21-13
　　　　電話　03-3513-6150　販売促進部
　　　　　　　03-3513-6166　書籍編集部
印刷／製本　日経印刷株式会社

定価はカバーに表示してあります。

ISBN978-4-297-13342-9 C2033
Printed in Japan

カバーデザイン……………bookwall
カバーイラスト……………ワカマツ カオリ
本文デザイン+レイアウト….矢野のり子＋島津デザイン事務所
マンガ・本文イラスト….中山成子

お問い合わせについて
本書の運用は、ご自身の判断でなさるようお願いいたします。本書の情報に基づいて被ったいかなる損害についても、筆者および技術評論社は一切の責任を負いません。
本書の内容に関するご質問は、弊社ウェブサイトの質問用フォームからお送りください。そのほか封書もしくはFAXでもお受けしております。
本書の内容を超えるものや、個別の税務相談、事業コンサルティングに類するご質問にはお答えすることができません。あらかじめご了承ください。

〒162-0846
東京都新宿区市谷左内町21-13
(株)技術評論社　書籍編集部
『会社の税金　元国税調査官のウラ技
増補改訂版』質問係
FAX…03-3513-6183
質問用フォーム…https://gihyo.jp/book/2023/978-4-297-13342-9

なお、訂正情報が確認された場合には https://gihyo.jp/book/2023/978-4-297-13342-9/support に掲載します。